TRANZLATY

La Langue est pour tout le Monde

La lingua è per tutti

L'appel de la forêt

Il richiamo della foresta

Jack London

Français / Italiano

Copyright © 2025 Tranzlaty
All rights reserved
Published by Tranzlaty
ISBN: 978-1-80572-849-8
Original text by Jack London
The Call of the Wild
First published in 1903
www.tranzlaty.com

Dans le primitif
Nel primitivo

Buck ne lisait pas les journaux
Buck non leggeva i giornali.
S'il avait lu les journaux, il aurait su que des problèmes se préparaient.
Se avesse letto i giornali avrebbe saputo che i guai si stavano avvicinando.
Il y avait des problèmes non seulement pour lui-même, mais pour tous les chiens de la marée.
Non erano guai solo per lui, ma per tutti i cani da caccia.
Tout chien musclé et aux poils longs et chauds allait avoir des ennuis.
Ogni cane con muscoli forti e pelo lungo e caldo sarebbe stato nei guai.
De Puget Bay à San Diego, aucun chien ne pouvait échapper à ce qui allait arriver.
Da Puget Bay a San Diego nessun cane poteva sfuggire a ciò che stava per accadere.
Des hommes, tâtonnant dans l'obscurité de l'Arctique, avaient trouvé un métal jaune.
Gli uomini, brancolando nell'oscurità artica, avevano trovato un metallo giallo.
Les compagnies de navigation et de transport étaient à la recherche de cette découverte.
Le compagnie di navigazione a vapore e di trasporto erano alla ricerca della scoperta.
Des milliers d'hommes se précipitaient vers le Nord.
Migliaia di uomini si riversarono nel Nord.
Ces hommes voulaient des chiens, et les chiens qu'ils voulaient étaient des chiens lourds.
Questi uomini volevano dei cani, e i cani che volevano erano cani pesanti.
Chiens dotés de muscles puissants pour travailler.
Cani dotati di muscoli forti per lavorare duro.

Chiens avec des manteaux de fourrure pour les protéger du gel.
Cani con il pelo folto che li protegge dal gelo.

Buck vivait dans une grande maison dans la vallée ensoleillée de Santa Clara.
Buck viveva in una grande casa nella soleggiata Santa Clara Valley.
La maison du juge Miller s'appelait ainsi.
La casa del giudice Miller era chiamata così.
Sa maison se trouvait en retrait de la route, à moitié cachée parmi les arbres.
La sua casa era nascosta tra gli alberi, lontana dalla strada.
On pouvait apercevoir la large véranda qui courait autour de la maison.
Si poteva intravedere l'ampia veranda che circondava la casa.
On accédait à la maison par des allées gravillonnées.
Si accedeva alla casa tramite vialetti ghiaiosi.
Les sentiers serpentaient à travers de vastes pelouses.
I sentieri si snodavano attraverso ampi prati.
Au-dessus de nos têtes se trouvaient les branches entrelacées de grands peupliers.
In alto si intrecciavano i rami degli alti pioppi.
À l'arrière de la maison, les choses étaient encore plus spacieuses.
Nella parte posteriore della casa le cose erano ancora più spaziose.
Il y avait de grandes écuries, où une douzaine de palefreniers discutaient
C'erano grandi scuderie, dove una dozzina di stallieri chiacchieravano
Il y avait des rangées de maisons de serviteurs recouvertes de vigne
C'erano file di cottage per i servi ricoperti di vite
Et il y avait une gamme infinie et ordonnée de toilettes extérieures
E c'era una serie infinita e ordinata di latrine

Longues tonnelles de vigne, pâturages verts, vergers et parcelles de baies.
Lunghi pergolati d'uva, pascoli verdi, frutteti e campi di bacche.
Ensuite, il y avait l'usine de pompage du puits artésien.
Poi c'era l'impianto di pompaggio per il pozzo artesiano.
Et il y avait le grand réservoir en ciment rempli d'eau.
E c'era la grande cisterna di cemento piena d'acqua.
C'est ici que les garçons du juge Miller ont fait leur plongeon matinal.
Qui i ragazzi del giudice Miller hanno fatto il loro tuffo mattutino.
Et ils se sont rafraîchis là-bas aussi dans l'après-midi chaud.
E lì si rinfrescavano anche nel caldo pomeriggio.
Et sur ce grand domaine, Buck était celui qui régnait sur tout.
E su questo grande dominio, Buck era colui che lo governava tutto.
Buck est né sur cette terre et y a vécu toutes ses quatre années.
Buck nacque su questa terra e visse qui tutti i suoi quattro anni.
Il y avait bien d'autres chiens, mais ils n'avaient pas vraiment d'importance.
C'erano effettivamente altri cani, ma non avevano molta importanza.
D'autres chiens étaient attendus dans un endroit aussi vaste que celui-ci.
In un posto vasto come questo ci si aspettava la presenza di altri cani.
Ces chiens allaient et venaient, ou vivaient à l'intérieur des chenils très fréquentés.
Questi cani andavano e venivano oppure vivevano nei canili affollati.
Certains chiens vivaient cachés dans la maison, comme Toots et Ysabel.
Alcuni cani vivevano nascosti in casa, come Toots e Ysabel.

Toots était un carlin japonais, Ysabel un chien nu mexicain.
Toots era un carlino giapponese, Ysabel una cagnolina messicana senza pelo.
Ces étranges créatures sortaient rarement de la maison.
Queste strane creature raramente uscivano di casa.
Ils n'ont pas touché le sol, ni respiré l'air libre à l'extérieur.
Non toccarono terra né annusarono l'aria esterna.
Il y avait aussi les fox-terriers, au moins une vingtaine.
C'erano anche i fox terrier, almeno una ventina.
Ces terriers aboyaient férocement sur Toots et Ysabel à l'intérieur.
Questi terrier abbaiavano ferocemente a Toots e Ysabel in casa.
Toots et Ysabel sont restés derrière les fenêtres, à l'abri du danger.
Toots e Ysabel rimasero dietro le finestre, al sicuro da ogni pericolo.
Ils étaient gardés par des domestiques munies de balais et de serpillères.
Erano sorvegliati da domestiche armate di scope e stracci.
Mais Buck n'était pas un chien de maison, et il n'était pas non plus un chien de chenil.
Ma Buck non era un cane da casa e nemmeno da canile.
L'ensemble de la propriété appartenait à Buck comme son royaume légitime.
L'intera proprietà apparteneva a Buck come suo legittimo regno.
Buck nageait dans le réservoir ou partait à la chasse avec les fils du juge.
Buck nuotava nella vasca o andava a caccia con i figli del giudice.
Il marchait avec Mollie et Alice tôt ou tard le soir.
Camminava con Mollie e Alice nelle prime ore del mattino o tardi.
Lors des nuits froides, il s'allongeait devant le feu de la bibliothèque avec le juge.
Nelle notti fredde si sdraiava davanti al fuoco della biblioteca insieme al giudice.

Buck a promené les petits-fils du juge sur son dos robuste.
Buck accompagnava i nipoti del giudice sulla sua robusta schiena.
Il roula dans l'herbe avec les garçons, les surveillant de près.
Si rotolava nell'erba insieme ai ragazzi, sorvegliandoli da vicino.
Ils s'aventurèrent jusqu'à la fontaine et même au-delà des champs de baies.
Si avventurarono fino alla fontana e addirittura oltre i campi di bacche.
Parmi les fox terriers, Buck marchait toujours avec une fierté royale.
Tra i fox terrier, Buck camminava sempre con orgoglio regale.
Il ignora Toots et Ysabel, les traitant comme s'ils étaient de l'air.
Ignorò Toots e Ysabel, trattandoli come se fossero aria.
Buck régnait sur toutes les créatures vivantes sur les terres du juge Miller.
Buck governava tutte le creature viventi sulla terra del giudice Miller.
Il régnait sur les animaux, les insectes, les oiseaux et même les humains.
Dominava gli animali, gli insetti, gli uccelli e perfino gli esseri umani.
Le père de Buck, Elmo, était un énorme et fidèle Saint-Bernard.
Il padre di Buck, Elmo, era un enorme e fedele San Bernardo.
Elmo n'a jamais quitté le juge et l'a servi fidèlement.
Elmo non si allontanò mai dal Giudice e lo servì fedelmente.
Buck semblait prêt à suivre le noble exemple de son père.
Buck sembrava pronto a seguire il nobile esempio del padre.
Buck n'était pas aussi gros, pesant cent quarante livres.
Buck non era altrettanto grande: pesava sessanta chili.
Sa mère, Shep, était un excellent chien de berger écossais.
Sua madre, Shep, era una splendida cagnolina da pastore scozzese.

Mais même avec ce poids, Buck marchait avec une présence royale.
Ma nonostante il suo peso, Buck camminava con una presenza regale.
Cela venait de la bonne nourriture et du respect qu'il recevait toujours.
Ciò derivava dal buon cibo e dal rispetto che riceveva sempre.
Pendant quatre ans, Buck a vécu comme un noble gâté.
Per quattro anni Buck aveva vissuto come un nobile viziato.
Il était fier de lui, et même légèrement égoïste.
Era orgoglioso di sé stesso e perfino un po' egocentrico.
Ce genre de fierté était courant chez les seigneurs des régions reculées.
Quel tipo di orgoglio era comune tra i signori delle campagne remote.
Mais Buck s'est sauvé de devenir un chien de maison choyé.
Ma Buck si salvò dal diventare un cane domestico viziato.
Il est resté mince et fort grâce à la chasse et à l'exercice.
Rimase snello e forte grazie alla caccia e all'esercizio fisico.
Il aimait profondément l'eau, comme les gens qui se baignent dans les lacs froids.
Amava profondamente l'acqua, come chi si bagna nei laghi freddi.
Cet amour pour l'eau a gardé Buck fort et en très bonne santé.
Questo amore per l'acqua mantenne Buck forte e molto sano.
C'était le chien que Buck était devenu à l'automne 1897.
Questo era il cane che Buck era diventato nell'autunno del 1897.
Lorsque la découverte du Klondike a attiré des hommes vers le Nord gelé.
Quando lo sciopero del Klondike spinse gli uomini verso il gelido Nord.
Des gens du monde entier se sont précipités vers ce pays froid.
Da ogni parte del mondo la gente accorse in massa verso la fredda terra.

Buck, cependant, ne lisait pas les journaux et ne comprenait pas les nouvelles.
Buck, tuttavia, non leggeva i giornali e non capiva le notizie.
Il ne savait pas que Manuel était un homme désagréable à fréquenter.
Non sapeva che Manuel fosse una persona cattiva con cui stare.
Manuel, qui aidait au jardin, avait un problème grave.
Manuel, che aiutava in giardino, aveva un grosso problema.
Manuel était accro aux jeux de loterie chinois.
Manuel era dipendente dal gioco d'azzardo alla lotteria cinese.
Il croyait également fermement en un système fixe pour gagner.
Credeva fermamente anche in un sistema fisso per vincere.
Cette croyance rendait son échec certain et inévitable.
Questa convinzione rese il suo fallimento certo e inevitabile.
Jouer un système exige de l'argent, ce qui manquait à Manuel.
Per giocare con un sistema erano necessari soldi, soldi che a Manuel mancavano.
Son salaire suffisait à peine à subvenir aux besoins de sa femme et de ses nombreux enfants.
Il suo stipendio bastava a malapena a sostenere la moglie e i numerosi figli.
La nuit où Manuel a trahi Buck, les choses étaient normales.
La notte in cui Manuel tradì Buck, tutto era normale.
Le juge était présent à une réunion de l'Association des producteurs de raisins secs.
Il giudice si trovava a una riunione dell'Associazione dei coltivatori di uva passa.
Les fils du juge étaient alors occupés à former un club d'athlétisme.
A quel tempo i figli del giudice erano impegnati a fondare un club sportivo.
Personne n'a vu Manuel et Buck sortir par le verger.
Nessuno vide Manuel e Buck uscire dal frutteto.

Buck pensait que cette promenade n'était qu'une simple promenade nocturne.
Buck pensava che questa fosse solo una semplice passeggiata notturna.
Ils n'ont rencontré qu'un seul homme à la station du drapeau, à College Park.
Incontrarono un solo uomo alla stazione della bandiera, a College Park.
Cet homme a parlé à Manuel et ils ont échangé de l'argent.
Quell'uomo parlò con Manuel e si scambiarono i soldi.
« Emballez les marchandises avant de les livrer », a-t-il suggéré.
"Imballa la merce prima di consegnarla", suggerì.
La voix de l'homme était rauque et impatiente lorsqu'il parlait.
La voce dell'uomo era roca e impaziente mentre parlava.
Manuel a soigneusement attaché une corde épaisse autour du cou de Buck.
Manuel legò con cura una corda spessa attorno al collo di Buck.
« Tournez la corde et vous l'étoufferez abondamment »
"Se giri la corda, lo strangolerai di brutto"
L'étranger émit un grognement, montrant qu'il comprenait bien.
Lo straniero emise un grugnito, dimostrando di aver capito bene.
Buck a accepté la corde avec calme et dignité tranquille ce jour-là.
Quel giorno Buck accettò la corda con calma e silenziosa dignità.
C'était un acte inhabituel, mais Buck faisait confiance aux hommes qu'il connaissait.
Era un atto insolito, ma Buck si fidava degli uomini che conosceva.
Il croyait que leur sagesse allait bien au-delà de sa propre pensée.
Credeva che la loro saggezza andasse ben oltre il suo pensiero.

Mais ensuite la corde fut remise entre les mains de l'étranger.
Ma poi la corda venne consegnata nelle mani dello straniero.
Buck émit un grognement sourd qui avertissait avec une menace silencieuse.
Buck emise un ringhio basso che suonava come un avvertimento e una minaccia silenziosa.
Il était fier et autoritaire, et voulait montrer son mécontentement.
Era orgoglioso e autoritario e intendeva mostrare il suo disappunto.
Buck pensait que son avertissement serait compris comme un ordre.
Buck credeva che il suo avvertimento sarebbe stato interpretato come un ordine.
À sa grande surprise, la corde se resserra rapidement autour de son cou épais.
Con suo grande stupore, la corda si strinse rapidamente attorno al suo grosso collo.
Son air fut coupé et il commença à se battre dans une rage soudaine.
Gli mancò l'aria e cominciò a lottare in preda a una rabbia improvvisa.
Il s'est jeté sur l'homme, qui a rapidement rencontré Buck en plein vol.
Si lanciò verso l'uomo, che si lanciò rapidamente contro Buck a mezz'aria.
L'homme attrapa Buck par la gorge et le fit habilement tourner dans les airs.
L'uomo afferrò Buck per la gola e lo fece ruotare abilmente in aria.
Buck a été violemment projeté au sol, atterrissant à plat sur le dos.
Buck venne scaraventato a terra con violenza, atterrando sulla schiena.
La corde l'étranglait alors cruellement tandis qu'il donnait des coups de pied sauvages.

La corda ora lo strangolava crudelmente mentre lui scalciava selvaggiamente.

Sa langue tomba, sa poitrine se souleva, mais il ne reprit pas son souffle.

La sua lingua cadde fuori, il suo petto si sollevò, ma non riprese fiato.

Il n'avait jamais été traité avec une telle violence de sa vie.

Non era mai stato trattato con tanta violenza in vita sua.

Il n'avait jamais été rempli d'une fureur aussi profonde auparavant.

Non era mai stato così profondamente invaso da una rabbia così profonda.

Mais le pouvoir de Buck s'est estompé et ses yeux sont devenus vitreux.

Ma il potere di Buck svanì e i suoi occhi diventarono vitrei.

Il s'est évanoui juste au moment où un train s'arrêtait à proximité.

Svenne proprio mentre un treno veniva fermato lì vicino.

Les deux hommes le jetèrent alors rapidement dans le fourgon à bagages.

Poi i due uomini lo caricarono velocemente nel vagone bagagli.

La chose suivante que Buck ressentit fut une douleur dans sa langue enflée.

La cosa successiva che Buck sentì fu dolore alla lingua gonfia.

Il se déplaçait dans un chariot tremblant, à peine conscient.

Si muoveva su un carro traballante, solo vagamente cosciente.

Le cri aigu d'un sifflet de train indiqua à Buck où il se trouvait.

Il fischio acuto di un treno rivelò a Buck la sua posizione.

Il avait souvent roulé avec le juge et connaissait ce sentiment.

Aveva spesso cavalcato con il Giudice e conosceva quella sensazione.

C'était le choc unique de voyager à nouveau dans un fourgon à bagages.

Fu un'esperienza unica viaggiare di nuovo in un vagone bagagli.
Buck ouvrit les yeux et son regard brûla de rage.
Buck aprì gli occhi e il suo sguardo ardeva di rabbia.
C'était la colère d'un roi fier déchu de son trône.
Questa era l'ira di un re orgoglioso detronizzato.
Un homme a tenté de l'attraper, mais Buck a frappé en premier.
Un uomo allungò la mano per afferrarlo, ma Buck colpì per primo.
Il enfonça ses dents dans la main de l'homme et la serra fermement.
Affondò i denti nella mano dell'uomo e la strinse forte.
Il ne l'a pas lâché jusqu'à ce qu'il s'évanouisse une deuxième fois.
Non mi lasciò andare finché non svenne per la seconda volta.
« Ouais, il a des crises », murmura l'homme au bagagiste.
"Sì, ha degli attacchi", borbottò l'uomo al facchino.
Le bagagiste avait entendu la lutte et s'était approché.
Il facchino aveva sentito la colluttazione e si era avvicinato.
« Je l'emmène à Frisco pour le patron », a expliqué l'homme.
"Lo porto a Frisco per conto del capo", spiegò l'uomo.
« Il y a un excellent vétérinaire qui dit pouvoir les guérir. »
"C'è un bravo dottore per cani che dice di poterli curare."
Plus tard dans la soirée, l'homme a donné son propre récit complet.
Più tardi quella notte l'uomo raccontò la sua versione completa.
Il parlait depuis un hangar derrière un saloon sur les quais.
Parlava da un capannone dietro un saloon sul molo.
« Tout ce qu'on m'a donné, c'était cinquante dollars », se plaignit-il au vendeur du saloon.
"Mi hanno dato solo cinquanta dollari", si lamentò con il gestore del saloon.
« Je ne le referais pas, même pour mille dollars en espèces. »
"Non lo rifarei, nemmeno per mille dollari in contanti."

Sa main droite était étroitement enveloppée dans un tissu ensanglanté.
La sua mano destra era strettamente avvolta in un panno insanguinato.
Son pantalon était déchiré du genou au pied.
La gamba dei suoi pantaloni era completamente strappata dal ginocchio al piede.
« Combien a été payé l'autre idiot ? » demanda le vendeur du saloon.
"Quanto è stato pagato l'altro tizio?" chiese il gestore del saloon.
« Cent », répondit l'homme, « il n'accepterait pas un centime de moins. »
«Cento», rispose l'uomo, «non ne accetterebbe uno in meno».
« Cela fait cent cinquante », dit le vendeur du saloon.
"Questo fa centocinquanta", disse il gestore del saloon.
« Et il vaut tout ça, sinon je ne suis pas meilleur qu'un imbécile. »
"E lui li merita tutti, altrimenti non sono meglio di uno stupido."
L'homme ouvrit les emballages pour examiner sa main.
L'uomo aprì gli involucri per esaminarsi la mano.
La main était gravement déchirée et couverte de sang séché.
La mano era gravemente graffiata e ricoperta di croste di sangue secco.
« Si je n'ai pas l' hydrophobie… » commença-t-il à dire.
"Se non mi viene l'idrofobia..." cominciò a dire.
« Ce sera parce que tu es né pour être pendu », dit-il en riant.
"Sarà perché sei nato per impiccarti", giunse una risata.
« Viens m'aider avant de partir », lui a-t-on demandé.
"Aiutami prima di partire", gli chiesero.
Buck était dans un état second à cause de la douleur dans sa langue et sa gorge.
Buck era stordito dal dolore alla lingua e alla gola.
Il était à moitié étranglé et pouvait à peine se tenir debout.
Era mezzo strangolato e riusciva a malapena a stare in piedi.

Pourtant, Buck essayait de faire face aux hommes qui l'avaient blessé ainsi.
Ciononostante, Buck cercò di affrontare gli uomini che lo avevano ferito così duramente.
Mais ils le jetèrent à terre et l'étranglèrent une fois de plus.
Ma lo gettarono a terra e lo strangolarono ancora una volta.
Ce n'est qu'à ce moment-là qu'ils ont pu scier son lourd collier de laiton.
Solo allora riuscirono a segargli il pesante collare di ottone.
Ils ont retiré la corde et l'ont poussé dans une caisse.
Tolsero la corda e lo spinsero in una cassa.
La caisse était petite et avait la forme d'une cage en fer brut.
La cassa era piccola e aveva la forma di una gabbia di ferro grezza.
Buck resta allongé là toute la nuit, rempli de colère et d'orgueil blessé.
Buck rimase lì per tutta la notte, pieno di rabbia e di orgoglio ferito.
Il ne pouvait pas commencer à comprendre ce qui lui arrivait.
Non riusciva nemmeno a capire cosa gli stesse succedendo.
Pourquoi ces hommes étranges le gardaient-ils dans cette petite caisse ?
Perché quegli strani uomini lo tenevano in quella piccola cassa?
Que voulaient-ils de lui et pourquoi cette cruelle captivité ?
Cosa volevano da lui e perché questa crudele prigionia?
Il ressentait une pression sombre, un sentiment de catastrophe qui se rapprochait.
Sentì una pressione oscura e la sensazione che il disastro si avvicinasse.
C'était une peur vague, mais elle pesait lourdement sur son esprit.
Era una paura vaga, ma si impadronì pesantemente del suo spirito.
Il a sursauté à plusieurs reprises lorsque la porte du hangar a claqué.

Diverse volte sobbalzò quando la porta del capanno sbatteva.
Il s'attendait à ce que le juge ou les garçons apparaissent et le sauvent.
Si aspettava che il giudice o i ragazzi apparissero e lo salvassero.
Mais à chaque fois, seul le gros visage du tenancier de bar apparaissait à l'intérieur.
Ma ogni volta solo la faccia grassa del gestore del saloon faceva capolino all'interno.
Le visage de l'homme était éclairé par la faible lueur d'une bougie de suif.
Il volto dell'uomo era illuminato dalla debole luce di una candela di sego.
À chaque fois, l'aboiement joyeux de Buck se transformait en un grognement bas et colérique.
Ogni volta, il latrato gioioso di Buck si trasformava in un ringhio basso e arrabbiato.

Le tenancier du saloon l'a laissé seul pour la nuit dans la caisse
Il gestore del saloon lo ha lasciato solo per la notte nella cassa
Mais quand il se réveilla le matin, d'autres hommes arrivèrent.
Ma quando si svegliò la mattina seguente, altri uomini stavano arrivando.
Quatre hommes sont venus et ont ramassé la caisse avec précaution, sans un mot.
Arrivarono quattro uomini e, con cautela, sollevarono la cassa senza dire una parola.
Buck comprit immédiatement dans quelle situation il se trouvait.
Buck capì subito in quale situazione si trovava.
Ils étaient d'autres bourreaux qu'il devait combattre et craindre.
Erano ulteriori tormentatori che doveva combattere e temere.
Ces hommes avaient l'air méchants, en haillons et très mal soignés.

Questi uomini apparivano malvagi, trasandati e molto mal curati.
Buck grogna et se jeta férocement sur eux à travers les barreaux.
Buck ringhiò e si lanciò contro di loro con furia attraverso le sbarre.
Ils se sont contentés de rire et de le frapper avec de longs bâtons en bois.
Si limitarono a ridere e a colpirlo con lunghi bastoni di legno.
Buck a mordu les bâtons, puis s'est rendu compte que c'était ce qu'ils aimaient.
Buck morse i bastoncini, poi capì che era quello che gli piaceva.
Il s'allongea donc tranquillement, maussade et brûlant d'une rage silencieuse.
Così si sdraiò in silenzio, imbronciato e acceso da una rabbia silenziosa.
Ils ont soulevé la caisse dans un chariot et sont partis avec lui.
Caricarono la cassa su un carro e se ne andarono con lui.
La caisse, avec Buck enfermé à l'intérieur, changeait souvent de mains.
La cassa, con Buck chiuso dentro, cambiò spesso proprietario.
Les employés du bureau express ont pris les choses en main et l'ont traité brièvement.
Gli impiegati dell'ufficio espresso presero in mano la situazione e si occuparono di lui per un breve periodo.
Puis un autre chariot transporta Buck à travers la ville bruyante.
Poi un altro carro trasportò Buck attraverso la rumorosa città.
Un camion l'a emmené avec des cartons et des colis sur un ferry.
Un camion lo portò con sé scatole e pacchi su un traghetto.
Après la traversée, le camion l'a déchargé dans un dépôt ferroviaire.
Dopo l'attraversamento, il camion lo scaricò presso un deposito ferroviario.

Finalement, Buck fut placé dans une voiture express en attente.
Alla fine Buck venne fatto salire a bordo di un vagone espresso in attesa.
Pendant deux jours et deux nuits, les trains ont emporté la voiture express.
Per due giorni e due notti i treni trascinarono via il vagone espresso.
Buck n'a ni mangé ni bu pendant tout le douloureux voyage.
Buck non mangiò né bevve durante tutto il doloroso viaggio.
Lorsque les messagers express ont essayé de l'approcher, il a grogné.
Quando i messaggeri cercarono di avvicinarlo, lui ringhiò.
Ils ont réagi en se moquant de lui et en le taquinant cruellement.
Risposero prendendolo in giro e prendendolo in giro crudelmente.
Buck se jeta sur les barreaux, écumant et tremblant
Buck si gettò contro le sbarre, schiumando e tremando
ils ont ri bruyamment et l'ont raillé comme des brutes de cour d'école.
risero sonoramente e lo presero in giro come i bulli della scuola.
Ils aboyaient comme de faux chiens et battaient des bras.
Abbaiavano come cani finti e agitavano le braccia.
Ils ont même chanté comme des coqs juste pour le contrarier davantage.
Arrivarono persino a cantare come galli, solo per farlo arrabbiare ancora di più.
C'était un comportement stupide, et Buck savait que c'était ridicule.
Era un comportamento sciocco e Buck sapeva che era ridicolo.
Mais cela n'a fait qu'approfondir son sentiment d'indignation et de honte.
Ma questo non fece altro che accrescere il suo senso di indignazione e vergogna.
Il n'a pas été trop dérangé par la faim pendant le voyage.

Durante il viaggio la fame non lo disturbò molto.
Mais la soif provoquait une douleur aiguë et une souffrance insupportable.
Ma la sete portava con sé dolori acuti e sofferenze insopportabili.
Sa gorge sèche et enflammée et sa langue brûlaient de chaleur.
La sua gola secca e infiammata e la lingua bruciavano per il calore.
Cette douleur alimentait la fièvre qui montait dans son corps fier.
Questo dolore alimentava la febbre che cresceva nel suo corpo orgoglioso.
Buck était reconnaissant pour une seule chose au cours de ce procès.
Durante questa prova Buck fu grato per una sola cosa.
La corde avait été retirée de son cou épais.
Gli avevano tolto la corda dal grosso collo.
La corde avait donné à ces hommes un avantage injuste et cruel.
La corda aveva dato a quegli uomini un vantaggio ingiusto e crudele.
Maintenant, la corde avait disparu et Buck jura qu'elle ne reviendrait jamais.
Ora la corda non c'era più e Buck giurò che non sarebbe mai più tornata.
Il a décidé qu'aucune corde ne passerait plus jamais autour de son cou.
Decise che nessuna corda gli sarebbe mai più passata intorno al collo.
Pendant deux longs jours et deux longues nuits, il souffrit sans nourriture.
Per due lunghi giorni e due lunghe notti soffrì senza cibo.
Et pendant ces heures, il a développé une énorme rage en lui.
E in quelle ore, accumulò dentro di sé una rabbia enorme.

Ses yeux sont devenus injectés de sang et sauvages à cause d'une colère constante.
I suoi occhi diventarono iniettati di sangue e selvaggi per la rabbia costante.
Il n'était plus Buck, mais un démon aux mâchoires claquantes.
Non era più Buck, ma un demone con le fauci che schioccavano.
Même le juge n'aurait pas reconnu cette créature folle.
Nemmeno il Giudice avrebbe potuto riconoscere questa folle creatura.
Les messagers express ont soupiré de soulagement lorsqu'ils ont atteint Seattle
I messaggeri espressi tirarono un sospiro di sollievo quando giunsero a Seattle
Quatre hommes ont soulevé la caisse et l'ont amenée dans une cour arrière.
Quattro uomini sollevarono la cassa e la portarono in un cortile sul retro.
La cour était petite, entourée de murs hauts et solides.
Il cortile era piccolo, circondato da mura alte e solide.
Un grand homme sortit, vêtu d'un pull rouge affaissé.
Un uomo corpulento uscì dalla stanza con una scollatura larga e una camicia rossa.
Il a signé le carnet de livraison d'une écriture épaisse et audacieuse.
Firmò il registro delle consegne con una calligrafia spessa e decisa.
Buck sentit immédiatement que cet homme était son prochain bourreau.
Buck intuì subito che quell'uomo era il suo prossimo aguzzino.
Il se jeta violemment sur les barreaux, les yeux rouges de fureur.
Si lanciò violentemente contro le sbarre, con gli occhi rossi di rabbia.
L'homme sourit simplement sombrement et alla chercher une hachette.

L'uomo si limitò a sorridere amaramente e andò a prendere un'ascia.
Il portait également une massue dans sa main droite épaisse et forte.
Teneva anche una mazza nella sua grossa e forte mano destra.
« Tu vas le sortir maintenant ? » demanda le chauffeur, inquiet.
"Lo porterai fuori adesso?" chiese l'autista preoccupato.
« Bien sûr », dit l'homme en enfonçant la hachette dans la caisse comme levier.
"Certo", disse l'uomo, infilando l'ascia nella cassa come se fosse una leva.
Les quatre hommes se dispersèrent instantanément et sautèrent sur le mur de la cour.
I quattro uomini si dileguarono all'istante, saltando sul muro del cortile.
Depuis leurs endroits sûrs, ils attendaient d'assister au spectacle.
Dai loro punti sicuri in alto, aspettavano di ammirare lo spettacolo.
Buck se jeta sur le bois éclaté, le mordant et le secouant violemment.
Buck si lanciò contro il legno scheggiato, mordendolo e scuotendolo violentemente.
Chaque fois que la hachette touchait la cage, Buck était là pour l'attaquer.
Ogni volta che l'ascia colpiva la gabbia, Buck era lì pronto ad attaccarla.
Il grogna et claqua des dents avec une rage folle, impatient d'être libéré.
Ringhiò e schioccò le dita in preda a una rabbia selvaggia, desideroso di essere liberato.
L'homme dehors était calme et stable, concentré sur sa tâche.
L'uomo all'esterno era calmo e fermo, concentrato sul suo compito.
« Bon, alors, espèce de diable aux yeux rouges », dit-il lorsque le trou fut grand.

"Bene allora, diavolo dagli occhi rossi", disse quando il buco fu grande.
Il laissa tomber la hachette et prit le gourdin dans sa main droite.
Lasciò cadere l'ascia e prese la mazza nella mano destra.
Buck ressemblait vraiment à un diable ; les yeux injectés de sang et flamboyants.
Buck sembrava davvero un diavolo: aveva gli occhi iniettati di sangue e fiammeggianti.
Son pelage se hérissait, de la mousse s'échappait de sa bouche, ses yeux brillaient.
Il suo pelo si rizzò, la schiuma gli salì alla bocca e gli occhi brillarono.
Il rassembla ses muscles et se jeta directement sur le pull rouge.
Lui tese i muscoli e si lanciò dritto verso il maglione rosso.
Cent quarante livres de fureur s'abattèrent sur l'homme calme.
Centoquaranta libbre di furia si riversarono sull'uomo calmo.
Juste avant que ses mâchoires ne se referment, un coup terrible le frappa.
Un attimo prima che le sue fauci si chiudessero, un colpo terribile lo colpì.
Ses dents claquèrent l'une contre l'autre, rien d'autre que l'air
I suoi denti si schioccarono insieme solo sull'aria
une secousse de douleur résonna dans son corps
una scossa di dolore gli risuonò nel corpo
Il a fait un saut périlleux en plein vol et s'est écrasé sur le dos et sur le côté.
Si capovolse a mezz'aria e cadde sulla schiena e su un fianco.
Il n'avait jamais ressenti auparavant le coup d'un gourdin et ne pouvait pas le saisir.
Non aveva mai sentito prima un colpo di mazza e non riusciva a sostenerlo.
Avec un grognement strident, mi-aboiement, mi-cri, il bondit à nouveau.

Con un ringhio acuto, in parte abbaio, in parte urlo, saltò di nuovo.

Un autre coup brutal le frappa et le projeta au sol.

Un altro colpo violento lo colpì e lo scaraventò a terra.

Cette fois, Buck comprit : c'était la lourde massue de l'homme.

Questa volta Buck capì: era la pesante clava dell'uomo.

Mais la rage l'aveuglait, et il n'avait aucune idée de retraite.

Ma la rabbia lo accecò e non pensò minimamente di ritirarsi.

Douze fois il s'est lancé et douze fois il est tombé.

Dodici volte si lanciò e dodici volte cadde.

Le gourdin en bois le frappait à chaque fois avec une force impitoyable et écrasante.

La mazza di legno lo colpiva ogni volta con una forza spietata e schiacciante.

Après un coup violent, il se releva en titubant, étourdi et lent.

Dopo un colpo violento, si rialzò barcollando, stordito e lento.

Du sang coulait de sa bouche, de son nez et même de ses oreilles.

Il sangue gli colava dalla bocca, dal naso e perfino dalle orecchie.

Son pelage autrefois magnifique était maculé de mousse sanglante.

Il suo mantello, un tempo bellissimo, era imbrattato di schiuma insanguinata.

Alors l'homme s'est avancé et a donné un coup violent au nez.

Poi l'uomo si fece avanti e gli sferrò un violento colpo al naso.

L'agonie était plus vive que tout ce que Buck avait jamais ressenti.

L'agonia fu più acuta di qualsiasi cosa Buck avesse mai provato.

Avec un rugissement plus bête que chien, il bondit à nouveau pour attaquer.

Con un ruggito più da bestia che da cane, balzò di nuovo all'attacco.

Mais l'homme attrapa sa mâchoire inférieure et la tourna vers l'arrière.
Ma l'uomo gli afferrò la mascella inferiore e la torse all'indietro.
Buck fit un saut périlleux et s'écrasa à nouveau violemment.
Buck si girò a testa in giù e cadde di nuovo violentemente al suolo.
Une dernière fois, Buck se précipita sur lui, maintenant à peine capable de se tenir debout.
Un'ultima volta, Buck si lanciò verso di lui, ormai a malapena in grado di reggersi in piedi.
L'homme a frappé avec un timing expert, délivrant le coup final.
L'uomo colpì con sapiente tempismo, sferrando il colpo finale.
Buck s'est effondré, inconscient et immobile.
Buck crollò a terra, privo di sensi e immobile.
« Il n'est pas mauvais pour dresser les chiens, c'est ce que je dis », a crié un homme.
"Non è uno stupido ad addestrare i cani, ecco cosa dico io", urlò un uomo.
« Druther peut briser la volonté d'un chien n'importe quel jour de la semaine. »
"Druther può spezzare la volontà di un segugio in qualsiasi giorno della settimana."
« Et deux fois un dimanche ! » a ajouté le chauffeur.
"E due volte di domenica!" aggiunse l'autista.
Il monta dans le chariot et fit claquer les rênes pour partir.
Salì sul carro e tirò le redini per partire.
Buck a lentement repris le contrôle de sa conscience
Buck riprese lentamente il controllo della sua coscienza
mais son corps était encore trop faible et brisé pour bouger.
ma il suo corpo era ancora troppo debole e rotto per muoversi.
Il resta allongé là où il était tombé, regardant l'homme au pull rouge.
Rimase lì dove era caduto, osservando l'uomo con il maglione rosso.

« Il répond au nom de Buck », dit l'homme en lisant à haute voix.
"Risponde al nome di Buck", disse l'uomo, leggendo ad alta voce.
Il a cité la note envoyée avec la caisse de Buck et les détails.
Citò la nota inviata con la cassa di Buck e i dettagli.
« Eh bien, Buck, mon garçon », continua l'homme d'un ton amical,
"Bene, Buck, ragazzo mio", continuò l'uomo con tono amichevole,
« Nous avons eu notre petite dispute, et maintenant c'est fini entre nous. »
"Abbiamo avuto il nostro piccolo litigio, e ora tra noi è finita."
« Tu as appris à connaître ta place, et j'ai appris à connaître la mienne », a-t-il ajouté.
"Tu hai imparato qual è il tuo posto, e io ho imparato qual è il mio", ha aggiunto.
« Sois sage, tout ira bien et la vie sera agréable. »
"Sii buono e tutto andrà bene e la vita sarà piacevole."
« Mais sois méchant, et je te botterai les fesses, compris ? »
"Ma se sei cattivo, ti spaccherò a morte, capito?"
Tandis qu'il parlait, il tendit la main et tapota la tête douloureuse de Buck.
Mentre parlava, allungò la mano e accarezzò la testa dolorante di Buck.
Les cheveux de Buck se dressèrent au contact de l'homme, mais il ne résista pas.
I capelli di Buck si rizzarono al tocco dell'uomo, ma lui non oppose resistenza.
L'homme lui apporta de l'eau, que Buck but à grandes gorgées.
L'uomo gli portò dell'acqua e Buck la bevve a grandi sorsi.
Puis vint la viande crue, que Buck dévora morceau par morceau.
Poi arrivò la carne cruda, che Buck divorò pezzo per pezzo.
Il savait qu'il était battu, mais il savait aussi qu'il n'était pas brisé.

Sapeva di essere stato sconfitto, ma sapeva anche di non essere distrutto.
Il n'avait aucune chance contre un homme armé d'une matraque.
Non aveva alcuna possibilità contro un uomo armato di manganello.
Il avait appris la vérité et il n'a jamais oublié cette leçon.
Aveva imparato la verità e non dimenticò mai quella lezione.
Cette arme était le début de la loi dans le nouveau monde de Buck.
Quell'arma segnò l'inizio della legge nel nuovo mondo di Buck.
C'était le début d'un ordre dur et primitif qu'il ne pouvait nier.
Fu l'inizio di un ordine duro e primitivo che non poteva negare.
Il accepta la vérité ; ses instincts sauvages étaient désormais éveillés.
Accettò la verità: i suoi istinti selvaggi erano ormai risvegliati.
Le monde était devenu plus dur, mais Buck l'a affronté avec courage.
Il mondo era diventato più duro, ma Buck lo affrontò coraggiosamente.
Il a affronté la vie avec une prudence, une ruse et une force tranquille nouvelles.
Affrontò la vita con una nuova cautela, astuzia e una forza silenziosa.
D'autres chiens sont arrivés, attachés dans des cordes ou des caisses comme Buck l'avait été.
Arrivarono altri cani, legati con corde o gabbie, come era successo a Buck.
Certains chiens sont venus calmement, d'autres ont fait rage et se sont battus comme des bêtes sauvages.
Alcuni cani procedevano con calma, altri si infuriavano e combattevano come bestie feroci.
Ils furent tous soumis au règne de l'homme au pull rouge.

Tutti loro furono sottoposti al dominio dell'uomo con il maglione rosso.
À chaque fois, Buck regardait et voyait la même leçon se dérouler.
Ogni volta Buck osservava e vedeva svolgersi la stessa lezione.
L'homme avec la massue était la loi, un maître à obéir.
L'uomo con la clava era la legge: un padrone a cui obbedire.
Il n'avait pas besoin d'être aimé, mais il fallait qu'on lui obéisse.
Non era necessario che gli piacesse, ma che gli si obbedisse.
Buck ne s'est jamais montré flatteur ni n'a remué la queue comme le faisaient les chiens plus faibles.
Buck non si è mai mostrato adulatore o scodinzolante come facevano i cani più deboli.
Il a vu des chiens qui avaient été battus et qui continuaient à lécher la main de l'homme.
Vide dei cani che erano stati picchiati e che continuavano a leccare la mano dell'uomo.
Il a vu un chien qui refusait d'obéir ou de se soumettre du tout.
Vide un cane che non obbediva né si sottometteva affatto.
Ce chien s'est battu jusqu'à ce qu'il soit tué dans la bataille pour le contrôle.
Quel cane ha combattuto fino alla morte nella battaglia per il controllo.
Des étrangers venaient parfois voir l'homme au pull rouge.
A volte degli sconosciuti venivano a trovare l'uomo con il maglione rosso.
Ils parlaient sur un ton étrange, suppliant, marchandant et riant.
Parlavano con toni strani, supplicando, contrattando e ridendo.
Lors de l'échange d'argent, ils partaient avec un ou plusieurs chiens.
Dopo aver scambiato i soldi, se ne andavano con uno o più cani.

Buck se demandait où étaient passés ces chiens, car aucun n'était jamais revenu.
Buck si chiese dove andassero questi cani, perché nessuno faceva mai ritorno.

la peur de l'inconnu envahissait Buck chaque fois qu'un homme étrange venait
la paura dell'ignoto riempiva Buck ogni volta che un uomo sconosciuto si avvicinava

il était content à chaque fois qu'un autre chien était pris, plutôt que lui-même.
era contento ogni volta che veniva preso un altro cane, al posto suo.

Mais finalement, le tour de Buck arriva avec l'arrivée d'un homme étrange.
Ma alla fine arrivò il turno di Buck con l'arrivo di uno strano uomo.

Il était petit, nerveux, parlait un anglais approximatif et jurait.
Era piccolo, nervoso e parlava un inglese stentato e imprecava.

« Sacré-Dam ! » hurla-t-il en posant les yeux sur le corps de Buck.
"Sacredam!" urlò quando vide il corpo di Buck.

« C'est un sacré chien tyrannique ! Hein ? Combien ? » demanda-t-il à voix haute.
"Che cane maledetto e prepotente! Eh? Quanto costa?" chiese ad alta voce.

« Trois cents, et c'est un cadeau à ce prix-là. »
"Trecento, ed è un regalo a quel prezzo",

« Puisque c'est de l'argent du gouvernement, tu ne devrais pas te plaindre, Perrault. »
"Dato che sono soldi del governo, non dovresti lamentarti, Perrault."

Perrault sourit à l'idée de l'accord qu'il venait de conclure avec cet homme.
Perrault sorrise pensando all'accordo che aveva appena concluso con quell'uomo.

Le prix des chiens a grimpé en flèche en raison de la demande soudaine.
Il prezzo dei cani è salito alle stelle a causa della domanda improvvisa.
Trois cents dollars, ce n'était pas injuste pour une si belle bête.
Trecento dollari non erano ingiusti per una bestia così bella.
Le gouvernement canadien ne perdrait rien dans cet accord
Il governo canadese non perderebbe nulla dall'accordo
Leurs dépêches officielles ne seraient pas non plus retardées en transit.
Né i loro comunicati ufficiali avrebbero subito ritardi nel trasporto.
Perrault connaissait bien les chiens et pouvait voir que Buck était quelque chose de rare.
Perrault conosceva bene i cani e capì che Buck era una rarità.
« Un sur dix dix mille », pensa-t-il en étudiant la silhouette de Buck.
"Uno su dieci diecimila", pensò, mentre studiava la corporatura di Buck.
Buck a vu l'argent changer de mains, mais n'a montré aucune surprise.
Buck vide il denaro cambiare di mano, ma non mostrò alcuna sorpresa.
Bientôt, lui et Curly, un gentil Terre-Neuve, furent emmenés.
Poco dopo lui e Curly, un gentile Terranova, furono portati via.
Ils suivirent le petit homme depuis la cour du pull rouge.
Seguirono l'omino dal cortile della casa con il maglione rosso.
Ce fut la dernière fois que Buck vit l'homme avec la massue en bois.
Quella fu l'ultima volta che Buck vide l'uomo con la mazza di legno.
Depuis le pont du Narval, il regardait Seattle disparaître au loin.
Dal ponte del Narwhal guardò Seattle svanire in lontananza.

C'était aussi la dernière fois qu'il voyait le chaud Southland.
Fu anche l'ultima volta che vide le calde terre del Sud.
Perrault les emmena sous le pont et les laissa à François.
Perrault li portò sottocoperta e li lasciò con François.
François était un géant au visage noir, aux mains rugueuses et calleuses.
François era un gigante con la faccia nera e le mani ruvide e callose.
Il était brun et basané; un métis franco-canadien.
Era un uomo dalla carnagione scura e dalla carnagione scura, un meticcio franco-canadese.
Pour Buck, ces hommes étaient d'un genre qu'il n'avait jamais vu auparavant.
Per Buck, quegli uomini erano come non li aveva mai visti prima.
Il allait connaître beaucoup d'autres hommes de ce genre dans les jours qui suivirent.
Nei giorni a venire avrebbe avuto modo di conoscere molti di questi uomini.
Il ne s'est pas attaché à eux, mais il a appris à les respecter.
Non cominciò ad affezionarsi a loro, ma finì per rispettarli.
Ils étaient justes et sages, et ne se laissaient pas facilement tromper par un chien.
Erano giusti e saggi e non si lasciavano ingannare facilmente da nessun cane.
Ils jugeaient les chiens avec calme et ne les punissaient que lorsqu'ils le méritaient.
Giudicavano i cani con calma e punivano solo quando meritavano.
Sur le pont inférieur du Narwhal, Buck et Curly ont rencontré deux chiens.
Sul ponte inferiore del Narwhal, Buck e Curly incontrarono due cani.
L'un d'eux était un grand chien blanc venu du lointain et glacial Spitzberg.
Uno era un grosso cane bianco proveniente dalle lontane e gelide isole Spitzbergen.

Il avait autrefois navigué avec un baleinier et rejoint un groupe d'enquête.
In passato aveva navigato su una baleniera e si era unito a un gruppo di ricerca.
Il était amical d'une manière sournoise, sournoise et rusée.
Era amichevole, ma astuto, subdolo e subdolo.
Lors de leur premier repas, il a volé un morceau de viande dans la poêle de Buck.
Al loro primo pasto, rubò un pezzo di carne dalla padella di Buck.
Buck sauta pour le punir, mais le fouet de François frappa en premier.
Buck saltò per punirlo, ma la frusta di François colpì per prima.
Le voleur blanc hurla et Buck récupéra l'os volé.
Il ladro bianco urlò e Buck reclamò l'osso rubato.
Cette équité impressionna Buck, et François gagna son respect.
Questa correttezza colpì Buck e François si guadagnò il suo rispetto.
L'autre chien ne lui a pas adressé de salut et n'en a pas voulu en retour.
L'altro cane non lo salutò e non volle nessuno in cambio.
Il ne volait pas de nourriture et ne reniflait pas les nouveaux arrivants avec intérêt.
Non rubava il cibo, né annusava con interesse i nuovi arrivati.
Ce chien était sinistre et calme, sombre et lent.
Questo cane era cupo e silenzioso, cupo e lento nei movimenti.
Il a averti Curly de rester à l'écart en la regardant simplement.
Avvertì Curly di stargli lontano semplicemente lanciandole un'occhiata fulminante.
Son message était clair : laissez-moi tranquille ou il y aura des problèmes.
Il suo messaggio era chiaro: lasciatemi in pace o saranno guai.
Il s'appelait Dave et il remarquait à peine son environnement.

Si chiamava Dave e non faceva quasi caso a ciò che lo circondava.
Il dormait souvent, mangeait tranquillement et bâillait de temps en temps.
Dormiva spesso, mangiava tranquillamente e sbadigliava di tanto in tanto.

Le navire ronronnait constamment avec le battement de l'hélice en dessous.
La nave ronzava costantemente con il rumore dell'elica sottostante.
Les jours passèrent sans grand changement, mais le temps devint plus froid.
I giorni passarono senza grandi cambiamenti, ma il clima si fece più freddo.
Buck pouvait le sentir dans ses os et remarqua que les autres le faisaient aussi.
Buck se lo sentiva nelle ossa e notò che anche gli altri lo sentivano.
Puis un matin, l'hélice s'est arrêtée et tout est redevenu calme.
Poi una mattina l'elica si fermò e tutto rimase immobile.
Une énergie parcourut le vaisseau ; quelque chose avait changé.
Un'energia percorse la nave: qualcosa era cambiato.
François est descendu, les a attachés en laisse et les a remontés.
François scese, li mise al guinzaglio e li portò su.
Buck sortit et trouva le sol doux, blanc et froid.
Buck uscì e trovò il terreno morbido, bianco e freddo.
Il sursauta en arrière, alarmé, et renifla, totalement confus.
Lui fece un balzo indietro allarmato e sbuffò in preda alla confusione più totale.
Une étrange substance blanche tombait du ciel gris.
Una strana sostanza bianca cadeva dal cielo grigio.
Il se secoua, mais les flocons blancs continuaient à atterrir sur lui.

Si scosse, ma i fiocchi bianchi continuavano a cadergli addosso.
Il renifla soigneusement la substance blanche et lécha quelques morceaux glacés.
Annusò attentamente la sostanza bianca e ne leccò alcuni pezzetti ghiacciati.
La poudre brûla comme du feu, puis disparut de sa langue.
La polvere bruciò come il fuoco e poi svanì subito dalla sua lingua.
Buck essaya à nouveau, intrigué par l'étrange froideur qui disparaissait.
Buck ci riprovò, sconcertato dallo strano freddo che svaniva.
Les hommes autour de lui rirent et Buck se sentit gêné.
Gli uomini intorno a lui risero e Buck si sentì in imbarazzo.
Il ne savait pas pourquoi, mais il avait honte de sa réaction.
Non sapeva perché, ma si vergognava della sua reazione.
C'était sa première expérience avec la neige, et cela le dérouta.
Era la sua prima esperienza con la neve e la cosa lo confuse.

La loi du gourdin et des crocs
La legge del bastone e della zanna

Le premier jour de Buck sur la plage de Dyea ressemblait à un terrible cauchemar.
Il primo giorno di Buck sulla spiaggia di Dyea è stato un terribile incubo.

Chaque heure apportait de nouveaux chocs et des changements inattendus pour Buck.
Ogni ora portava con sé nuovi shock e cambiamenti inaspettati per Buck.

Il avait été arraché à la civilisation et jeté dans un chaos sauvage.
Era stato strappato alla civiltà e gettato nel caos più totale.

Ce n'était pas une vie ensoleillée et paresseuse, faite d'ennui et de repos.
Questa non era una vita soleggiata e pigra, fatta di noia e riposo.

Il n'y avait pas de paix, pas de repos, et pas un instant sans danger.
Non c'era pace, né riposo, né momento senza pericolo.

La confusion régnait sur tout et le danger était toujours proche.
La confusione regnava su tutto e il pericolo era sempre vicino.

Buck devait rester vigilant car ces hommes et ces chiens étaient différents.
Buck doveva stare attento perché quegli uomini e quei cani erano diversi.

Ils n'étaient pas originaires des villes ; ils étaient sauvages et sans pitié.
Non provenivano da città; erano selvaggi e spietati.

Ces hommes et ces chiens ne connaissaient que la loi du gourdin et des crocs.
Questi uomini e questi cani conoscevano solo la legge del bastone e della zanna.

Buck n'avait jamais vu de chiens se battre comme ces huskies sauvages.

Buck non aveva mai visto dei cani combattere come questi feroci husky.
Sa première expérience lui a appris une leçon qu'il n'oublierait jamais.
La sua prima esperienza gli insegnò una lezione che non avrebbe mai dimenticato.
Il a eu de la chance que ce ne soit pas lui, sinon il serait mort aussi.
Fu una fortuna che non fosse lui, altrimenti sarebbe morto anche lui.
Curly était celui qui souffrait tandis que Buck regardait et apprenait.
Curly era quello che soffriva, mentre Buck osservava e imparava.
Ils avaient installé leur campement près d'un magasin construit en rondins.
Si erano accampati vicino a un deposito costruito con tronchi.
Curly a essayé d'être amical avec un grand husky ressemblant à un loup.
Curly cercò di essere amichevole con un grosso husky simile a un lupo.
Le husky était plus petit que Curly, mais avait l'air sauvage et méchant.
L'husky era più piccolo di Curly, ma aveva un aspetto selvaggio e cattivo.
Sans prévenir, il a sauté et lui a ouvert le visage.
Senza preavviso, lui saltò su e le tagliò il viso.
Ses dents lui coupèrent l'œil jusqu'à sa mâchoire en un seul mouvement.
Con un solo movimento i suoi denti le tagliarono l'occhio fino alla mascella.
C'est ainsi que les loups se battaient : ils frappaient vite et sautaient loin.
Ecco come combattevano i lupi: colpivano velocemente e saltavano via.
Mais il y avait plus à apprendre que de cette seule attaque.
Ma c'era molto di più da imparare da quell'unico attacco.

Des dizaines de huskies se sont précipités et ont formé un cercle silencieux.
Decine di husky si precipitarono dentro e formarono un cerchio silenzioso.
Ils regardaient attentivement et se léchaient les lèvres avec faim.
Osservavano attentamente e si leccavano le labbra per la fame.
Buck ne comprenait pas leur silence ni leurs regards avides.
Buck non capiva il loro silenzio né i loro occhi ansiosi.
Curly s'est précipité pour attaquer le husky une deuxième fois.
Curly si lanciò ad attaccare l'husky una seconda volta.
Il a utilisé sa poitrine pour la renverser avec un mouvement puissant.
Usò il suo petto per buttarla a terra con un movimento violento.
Elle est tombée sur le côté et n'a pas pu se relever.
Cadde su un fianco e non riuscì più a rialzarsi.
C'est ce que les autres attendaient depuis le début.
Era proprio quello che gli altri aspettavano da tempo.
Les huskies ont sauté sur elle, hurlant et grognant avec frénésie.
Gli husky le saltarono addosso, guaindo e ringhiando freneticamente.
Elle a crié alors qu'ils l'enterraient sous un tas de chiens.
Lei urlò mentre la seppellivano sotto una pila di cani.
L'attaque fut si rapide que Buck resta figé sur place sous le choc.
L'attacco fu così rapido che Buck rimase immobile per lo shock.
Il vit Spitz tirer la langue d'une manière qui ressemblait à un rire.
Vide Spitz tirare fuori la lingua in un modo che sembrava una risata.
François a attrapé une hache et a couru droit vers le groupe de chiens.
François afferrò un'ascia e corse dritto verso il gruppo di cani.

Trois autres hommes ont utilisé des gourdins pour aider à repousser les huskies.
Altri tre uomini hanno usato dei manganelli per allontanare gli husky.
En seulement deux minutes, le combat était terminé et les chiens avaient disparu.
In soli due minuti la lotta finì e i cani se ne andarono.
Curly gisait morte dans la neige rouge et piétinée, son corps déchiré.
Curly giaceva morta nella neve rossa calpestata, con il corpo fatto a pezzi.
Un homme à la peau sombre se tenait au-dessus d'elle, maudissant la scène brutale.
Un uomo dalla pelle scura era in piedi davanti a lei, maledicendo la scena brutale.
Le souvenir est resté avec Buck et a hanté ses rêves la nuit.
Il ricordo rimase con Buck e ossessionò i suoi sogni notturni.
C'était comme ça ici : pas d'équité, pas de seconde chance.
Ecco come funzionava: niente equità, niente seconda possibilità.
Une fois qu'un chien tombait, les autres le tuaient sans pitié.
Una volta caduto un cane, gli altri lo uccidevano senza pietà.
Buck décida alors qu'il ne se permettrait jamais de tomber.
Buck decise allora che non si sarebbe mai lasciato cadere.
Spitz tira à nouveau la langue et rit du sang.
Spitz tirò fuori di nuovo la lingua e rise guardando il sangue.
À partir de ce moment-là, Buck détesta Spitz de tout son cœur.
Da quel momento in poi, Buck odiò Spitz con tutto il cuore.

Avant que Buck ne puisse se remettre de la mort de Curly, quelque chose de nouveau s'est produit.
Prima che Buck potesse riprendersi dalla morte di Curly, accadde qualcosa di nuovo.
François s'est approché et a attaché quelque chose autour du corps de Buck.
François si avvicinò e legò qualcosa attorno al corpo di Buck.

C'était un harnais comme ceux utilisés sur les chevaux du ranch.
Era un'imbracatura simile a quelle usate per i cavalli al ranch.
Comme Buck avait vu les chevaux travailler, il devait maintenant travailler aussi.
Così come Buck aveva visto lavorare i cavalli, ora era costretto a lavorare anche lui.
Il a dû tirer François sur un traîneau dans la forêt voisine.
Dovette trascinare François su una slitta nella foresta vicina.
Il a ensuite dû ramener une lourde charge de bois de chauffage.
Poi dovette trascinare indietro un pesante carico di legna da ardere.
Buck était fier, donc cela lui faisait mal d'être traité comme un animal de travail.
Buck era orgoglioso e gli faceva male essere trattato come un animale da lavoro.
Mais il était sage et n'a pas essayé de lutter contre la nouvelle situation.
Ma era saggio e non cercò di combattere la nuova situazione.
Il a accepté sa nouvelle vie et a donné le meilleur de lui-même dans chaque tâche.
Accettò la sua nuova vita e diede il massimo in ogni compito.
Tout ce qui concernait ce travail lui était étrange et inconnu.
Tutto di quel lavoro gli risultava strano e sconosciuto.
François était strict et exigeait l'obéissance sans délai.
François era severo e pretendeva obbedienza senza indugio.
Son fouet garantissait que chaque ordre soit exécuté immédiatement.
La sua frusta garantiva che ogni comando venisse eseguito immediatamente.
Dave était le conducteur du traîneau, le chien le plus proche du traîneau derrière Buck.
Dave era il timoniere, il cane più vicino alla slitta dietro Buck.
Dave mordait Buck sur les pattes arrière s'il faisait une erreur.

Se commetteva un errore, Dave mordeva Buck sulle zampe posteriori.
Spitz était le chien de tête, compétent et expérimenté dans ce rôle.
Spitz era il cane guida, abile ed esperto nel ruolo.
Spitz ne pouvait pas atteindre Buck facilement, mais il le corrigea quand même.
Spitz non riusciva a raggiungere Buck facilmente, ma lo corresse comunque.
Il grognait durement ou tirait le traîneau d'une manière qui enseignait à Buck.
Ringhiava aspramente o tirava la slitta in modi che insegnavano a Buck.
Grâce à cette formation, Buck a appris plus vite que ce qu'ils avaient imaginé.
Grazie a questo addestramento, Buck imparò più velocemente di quanto tutti si aspettassero.
Il a travaillé dur et a appris de François et des autres chiens.
Lavorò duramente e imparò sia da François che dagli altri cani.
À leur retour, Buck connaissait déjà les commandes clés.
Quando tornarono, Buck conosceva già i comandi chiave.
Il a appris à s'arrêter au son « ho » de François.
Imparò a fermarsi al suono della parola "oh" di François.
Il a appris quand il a dû tirer le traîneau et courir.
Imparò quando era il momento di tirare la slitta e correre.
Il a appris à tourner largement dans les virages du sentier sans difficulté.
Imparò a svoltare senza problemi nelle curve del sentiero.
Il a également appris à éviter Dave lorsque le traîneau descendait rapidement.
Imparò anche a evitare Dave quando la slitta scendeva velocemente.
« Ce sont de très bons chiens », dit fièrement François à Perrault.
"Sono cani molto buoni", disse orgoglioso François a Perrault.
« Ce Buck tire comme un dingue, je lui apprends vite fait. »

"Quel Buck tira come un dannato, glielo insegno subito."

Plus tard dans la journée, Perrault est revenu avec deux autres chiens husky.
Più tardi quel giorno, Perrault tornò con altri due husky.
Ils s'appelaient Billee et Joe, et ils étaient frères.
Si chiamavano Billee e Joe ed erano fratelli.
Ils venaient de la même mère, mais ne se ressemblaient pas du tout.
Provenivano dalla stessa madre, ma non erano affatto simili.
Billee était de nature douce et très amicale avec tout le monde.
Billee era un tipo dolce e molto amichevole con tutti.
Joe était tout le contraire : calme, en colère et toujours en train de grogner.
Joe era l'opposto: silenzioso, arrabbiato e sempre ringhiante.
Buck les a accueillis de manière amicale et s'est montré calme avec eux deux.
Buck li salutò amichevolmente e si mantenne calmo con entrambi.
Dave ne leur prêta aucune attention et resta silencieux comme d'habitude.
Dave non prestò loro attenzione e rimase in silenzio come al solito.
Spitz a attaqué d'abord Billee, puis Joe, pour montrer sa domination.
Spitz attaccò prima Billee, poi Joe, per dimostrare la sua superiorità.
Billee remua la queue et essaya d'être amical avec Spitz.
Billee scodinzolava e cercava di essere amichevole con Spitz.
Lorsque cela n'a pas fonctionné, il a essayé de s'enfuir à la place.
Quando questo non funzionò, cercò di scappare.
Il a pleuré tristement lorsque Spitz l'a mordu fort sur le côté.
Pianse tristemente quando Spitz lo morse forte sul fianco.
Mais Joe était très différent et refusait d'être intimidé.

Ma Joe era molto diverso e si rifiutava di farsi prendere in giro.

Chaque fois que Spitz s'approchait, Joe se retournait pour lui faire face rapidement.

Ogni volta che Spitz si avvicinava, Joe si girava velocemente per affrontarlo.

Sa fourrure se hérissa, ses lèvres se retroussèrent et ses dents claquèrent sauvagement.

La sua pelliccia si drizzò, le sue labbra si arricciarono e i suoi denti schioccarono selvaggiamente.

Les yeux de Joe brillaient de peur et de rage, défiant Spitz de frapper.

Gli occhi di Joe brillavano di paura e rabbia, sfidando Spitz a colpire.

Spitz abandonna le combat et se détourna, humilié et en colère.

Spitz abbandonò la lotta e si voltò, umiliato e arrabbiato.

Il a déversé sa frustration sur le pauvre Billee et l'a chassé.

Sfogò la sua frustrazione sul povero Billee e lo cacciò via.

Ce soir-là, Perrault ajouta un chien de plus à l'équipe.

Quella sera Perrault aggiunse un altro cane alla squadra.

Ce chien était vieux, maigre et couvert de cicatrices de guerre.

Questo cane era vecchio, magro e coperto di cicatrici di battaglia.

L'un de ses yeux manquait, mais l'autre brillait de puissance.

Gli mancava un occhio, ma l'altro brillava di potere.

Le nom du nouveau chien était Solleks, ce qui signifiait « celui qui est en colère ».

Il nome del nuovo cane era Solleks, che significa "l'Arrabbiato".

Comme Dave, Solleks ne demandait rien aux autres et ne donnait rien en retour.

Come Dave, Solleks non chiedeva nulla agli altri e non dava nulla in cambio.

Lorsque Solleks entra lentement dans le camp, même Spitz resta à l'écart.
Quando Solleks entrò lentamente nell'accampamento, persino Spitz rimase lontano.

Il avait une étrange habitude que Buck a eu la malchance de découvrir.
Aveva una strana abitudine che Buck ebbe la sfortuna di scoprire.

Solleks détestait qu'on l'approche du côté où il était aveugle.
Solleks detestava essere avvicinato dal lato in cui era cieco.

Buck ne le savait pas et a fait cette erreur par accident.
Buck non lo sapeva e commise quell'errore per sbaglio.

Solleks se retourna et frappa l'épaule de Buck profondément et rapidement.
Solleks si voltò di scatto e colpì la spalla di Buck in modo profondo e rapido.

À partir de ce moment, Buck ne s'est plus jamais approché du côté aveugle de Solleks.
Da quel momento in poi, Buck non si avvicinò mai più al lato cieco di Solleks.

Ils n'ont plus jamais eu de problèmes pendant le reste de leur temps ensemble.
Non ebbero mai più problemi per il resto del tempo che trascorsero insieme.

Solleks voulait seulement être laissé seul, comme le calme Dave.
Solleks voleva solo essere lasciato solo, come il tranquillo Dave.

Mais Buck apprendra plus tard qu'ils avaient chacun un autre objectif secret.
Ma Buck avrebbe scoperto in seguito che ognuno di loro aveva un altro obiettivo segreto.

Cette nuit-là, Buck a dû faire face à un nouveau défi troublant : comment dormir.
Quella notte Buck si trovò ad affrontare una nuova e preoccupante sfida: come dormire.

La tente brillait chaleureusement à la lumière des bougies dans le champ enneigé.
La tenda era illuminata caldamente dalla luce delle candele nel campo innevato.
Buck entra, pensant qu'il pourrait se reposer là comme avant.
Buck entrò, pensando che lì avrebbe potuto riposare come prima.
Mais Perrault et François lui criaient dessus et lui jetaient des casseroles.
Ma Perrault e François gli urlarono contro e gli tirarono delle padelle.
Choqué et confus, Buck s'est enfui dans le froid glacial.
Sconvolto e confuso, Buck corse fuori nel freddo gelido.
Un vent glacial piquait son épaule blessée et lui gelait les pattes.
Un vento gelido gli pungeva la spalla ferita e gli congelava le zampe.
Il s'est allongé dans la neige et a essayé de dormir à la belle étoile.
Si sdraiò sulla neve e cercò di dormire all'aperto.
Mais le froid l'obligea bientôt à se relever, tremblant terriblement.
Ma il freddo lo costrinse presto a rialzarsi, tremando forte.
Il erra dans le camp, essayant de trouver un endroit plus chaud.
Vagò per l'accampamento, cercando di trovare un posto più caldo.
Mais chaque coin était aussi froid que le précédent.
Ma ogni angolo era freddo come quello precedente.
Parfois, des chiens sauvages sautaient sur lui dans l'obscurité.
A volte dei cani feroci gli saltavano addosso dall'oscurità.
Buck hérissa sa fourrure, montra ses dents et grogna en signe d'avertissement.
Buck drizzò il pelo, scoprì i denti e ringhiò in tono ammonitore.

Il apprenait vite et les autres chiens reculaient rapidement.
Lui stava imparando in fretta e gli altri cani si sono subito tirati indietro.
Il n'avait toujours pas d'endroit où dormir et ne savait pas quoi faire.
Tuttavia, non aveva un posto dove dormire e non aveva idea di cosa fare.
Finalement, une pensée lui vint : aller voir ses coéquipiers.
Alla fine gli venne in mente un pensiero: andare a dare un'occhiata ai suoi compagni di squadra.
Il est retourné dans leur région et a été surpris de les trouver partis.
Ritornò nella loro zona e rimase sorpreso nel constatare che non c'erano più.
Il chercha à nouveau dans le camp, mais ne parvint toujours pas à les trouver.
Cercò di nuovo nell'accampamento, ma ancora non riuscì a trovarli.
Il savait qu'ils ne pouvaient pas être dans la tente, sinon il le serait aussi.
Sapeva che loro non potevano stare nella tenda, altrimenti ci sarebbe stato anche lui.
Alors, où étaient passés tous les chiens dans ce camp gelé ?
E allora, dove erano finiti tutti i cani in quell'accampamento ghiacciato?
Buck, froid et misérable, tournait lentement autour de la tente.
Buck, infreddolito e infelice, girò lentamente intorno alla tenda.
Soudain, ses pattes avant s'enfoncèrent dans la neige molle et le surprit.
All'improvviso, le sue zampe anteriori sprofondarono nella neve soffice e lo spaventarono.
Quelque chose se tortilla sous ses pieds et il sursauta en arrière, effrayé.
Qualcosa si mosse sotto i suoi piedi e lui fece un salto indietro per la paura.

Il grogna et grogna, ne sachant pas ce qui se cachait sous la neige.
Ringhiava e ringhiava, non sapendo cosa si nascondesse sotto la neve.
Puis il entendit un petit aboiement amical qui apaisa sa peur.
Poi udì un piccolo abbaio amichevole che placò la sua paura.
Il renifla l'air et s'approcha pour voir ce qui était caché.
Annusò l'aria e si avvicinò per vedere cosa fosse nascosto.
Sous la neige, recroquevillée en boule chaude, se trouvait la petite Billee.
Sotto la neve, rannicchiata in una calda palla, c'era la piccola Billee.
Billee remua la queue et lécha le visage de Buck pour le saluer.
Billee scodinzolò e leccò il muso di Buck per salutarlo.
Buck a vu comment Billee avait fabriqué un endroit pour dormir dans la neige.
Buck vide come Billee si era costruito un posto per dormire nella neve.
Il avait creusé et utilisé sa propre chaleur pour rester au chaud.
Aveva scavato e sfruttato il suo calore per scaldarsi.
Buck avait appris une autre leçon : c'est ainsi que les chiens dormaient.
Buck aveva imparato un'altra lezione: ecco come dormivano i cani.
Il a choisi un endroit et a commencé à creuser son propre trou dans la neige.
Scelse un posto e cominciò a scavare la sua buca nella neve.
Au début, il bougeait trop et gaspillait de l'énergie.
All'inizio si muoveva troppo e sprecava energie.
Mais bientôt son corps réchauffa l'espace et il se sentit en sécurité.
Ma ben presto il suo corpo riscaldò lo spazio e si sentì al sicuro.

Il se recroquevilla étroitement et, peu de temps après, il s'endormit profondément.
Si rannicchiò forte e poco dopo si addormentò profondamente.
La journée avait été longue et dure, et Buck était épuisé.
La giornata era stata lunga e dura e Buck era esausto.
Il dormait profondément et confortablement, même si ses rêves étaient fous.
Dormì profondamente e comodamente, anche se fece sogni selvaggi.
Il grognait et aboyait dans son sommeil, se tordant pendant qu'il rêvait.
Ringhiava e abbaiava nel sonno, contorcendosi mentre sognava.

Buck ne s'est réveillé que lorsque le camp était déjà en train de prendre vie.
Buck non si svegliò finché l'accampamento non cominciò a prendere vita.
Au début, il ne savait pas où il était ni ce qui s'était passé.
All'inizio non sapeva dove si trovasse o cosa fosse successo.
La neige était tombée pendant la nuit et avait complètement enseveli son corps.
La neve era caduta durante la notte e aveva seppellito completamente il suo corpo.
La neige se pressait autour de lui, serrée de tous côtés.
La neve lo circondava, fitta su tutti i lati.
Soudain, une vague de peur traversa tout le corps de Buck.
All'improvviso un'ondata di paura percorse tutto il corpo di Buck.
C'était la peur d'être piégé, une peur venue d'instincts profonds.
Era la paura di rimanere intrappolati, una paura che proveniva da istinti profondi.
Bien qu'il n'ait jamais vu de piège, la peur vivait en lui.
Sebbene non avesse mai visto una trappola, la paura era viva dentro di lui.

C'était un chien apprivoisé, mais maintenant ses vieux instincts sauvages se réveillaient.
Era un cane addomesticato, ma ora i suoi vecchi istinti selvaggi si stavano risvegliando.
Les muscles de Buck se tendirent et sa fourrure se dressa sur tout son dos.
I muscoli di Buck si irrigidirono e il pelo gli si rizzò su tutta la schiena.
Il grogna férocement et bondit droit dans la neige.
Ringhiò furiosamente e balzò in piedi nella neve.
La neige volait dans toutes les directions alors qu'il faisait irruption dans la lumière du jour.
La neve volava in ogni direzione mentre lui irrompeva nella luce del giorno.
Avant même d'atterrir, Buck vit le camp s'étendre devant lui.
Ancora prima di atterrare, Buck vide l'accampamento disteso davanti a lui.
Il se souvenait de tout ce qui s'était passé la veille, d'un seul coup.
Ricordò tutto del giorno prima, tutto in una volta.
Il se souvenait d'avoir flâné avec Manuel et d'avoir fini à cet endroit.
Ricordava di aver passeggiato con Manuel e di essere finito in quel posto.
Il se souvenait avoir creusé le trou et s'être endormi dans le froid.
Ricordava di aver scavato la buca e di essersi addormentato al freddo.
Maintenant, il était réveillé et le monde sauvage qui l'entourait était clair.
Ora era sveglio e il mondo selvaggio intorno a lui era limpido.
Un cri de François salua l'apparition soudaine de Buck.
Un grido di François annunciò l'improvvisa apparizione di Buck.
« Qu'est-ce que j'ai dit ? » cria le conducteur du chien à Perrault.

"Cosa ho detto?" gridò a gran voce il conducente del cane a Perrault.
« Ce Buck apprend vraiment très vite », a ajouté François.
"Quel Buck impara sicuramente in fretta", ha aggiunto François.
Perrault hocha gravement la tête, visiblement satisfait du résultat.
Perrault annuì gravemente, visibilmente soddisfatto del risultato.
En tant que courrier pour le gouvernement canadien, il transportait des dépêches.
In qualità di corriere del governo canadese, trasportava dispacci.
Il était impatient de trouver les meilleurs chiens pour son importante mission.
Era ansioso di trovare i cani migliori per la sua importante missione.
Il se sentait particulièrement heureux maintenant que Buck faisait partie de l'équipe.
Ora si sentiva particolarmente contento che Buck facesse parte della squadra.
Trois autres huskies ont été ajoutés à l'équipe en une heure.
Nel giro di un'ora, alla squadra furono aggiunti altri tre husky.
Cela porte le nombre total de chiens dans l'équipe à neuf.
Ciò ha portato il numero totale dei cani della squadra a nove.
En quinze minutes, tous les chiens étaient dans leurs harnais.
Nel giro di quindici minuti tutti i cani erano imbracati.
L'équipe de traîneaux remontait le sentier en direction du canyon de Dyea.
La squadra di slitte stava risalendo il sentiero verso Dyea Cañon.
Buck était heureux de partir, même si le travail à venir était difficile.
Buck era contento di andarsene, anche se il lavoro che lo attendeva era duro.

Il s'est rendu compte qu'il ne détestait pas particulièrement le travail ou le froid.
Scoprì di non disprezzare particolarmente né il lavoro né il freddo.
Il a été surpris par l'empressement qui a rempli toute l'équipe.
Fu sorpreso dall'entusiasmo che pervadeva tutta la squadra.
Encore plus surprenant fut le changement qui s'était produit chez Dave et Solleks.
Ancora più sorprendente fu il cambiamento avvenuto in Dave e Solleks.
Ces deux chiens étaient complètement différents lorsqu'ils étaient attelés.
Questi due cani erano completamente diversi quando venivano imbrigliati.
Leur passivité et leur manque d'intérêt avaient complètement disparu.
La loro passività e la loro disattenzione erano completamente scomparse.
Ils étaient alertes et actifs, et désireux de bien faire leur travail.
Erano attenti e attivi, desiderosi di svolgere bene il loro lavoro.
Ils s'irritaient violemment à tout ce qui pouvait provoquer un retard ou une confusion.
Si irritavano ferocemente per qualsiasi cosa provocasse ritardi o confusione.
Le travail acharné sur les rênes était le centre de tout leur être.
Il duro lavoro sulle redini era il centro del loro intero essere.
Tirer un traîneau semblait être la seule chose qu'ils appréciaient vraiment.
Sembrava che l'unica cosa che gli piacesse davvero fosse tirare la slitta.
Dave était à l'arrière du groupe, le plus proche du traîneau lui-même.
Dave era in fondo al gruppo, il più vicino alla slitta.
Buck a été placé devant Dave, et Solleks a dépassé Buck.

Buck fu messo davanti a Dave e Solleks superò Buck.
Le reste des chiens était aligné devant eux en file indienne.
Il resto dei cani era disposto in fila indiana davanti a loro.
La position de tête à l'avant était occupée par Spitz.
La posizione di testa in prima linea era occupata da Spitz.
Buck avait été placé entre Dave et Solleks pour l'instruction.
Buck era stato messo tra Dave e Solleks per essere istruito.
Il apprenait vite et ils étaient des professeurs fermes et compétents.
Lui imparava in fretta e gli insegnanti erano risoluti e capaci.
Ils n'ont jamais permis à Buck de rester longtemps dans l'erreur.
Non permisero mai a Buck di restare a lungo nell'errore.
Ils ont enseigné leurs leçons avec des dents acérées quand c'était nécessaire.
Quando necessario, impartivano le lezioni con denti affilati.
Dave était juste et faisait preuve d'une sagesse calme et sérieuse.
Dave era giusto e dimostrava una saggezza pacata e seria.
Il n'a jamais mordu Buck sans une bonne raison de le faire.
Non mordeva mai Buck senza una buona ragione.
Mais il n'a jamais manqué de mordre lorsque Buck avait besoin d'être corrigé.
Ma non mancava mai di mordere quando Buck aveva bisogno di essere corretto.
Le fouet de François était toujours prêt et soutenait leur autorité.
La frusta di François era sempre pronta e sosteneva la loro autorità.
Buck a vite compris qu'il valait mieux obéir que riposter.
Buck scoprì presto che era meglio obbedire che reagire.
Un jour, lors d'un court repos, Buck s'est emmêlé dans les rênes.
Una volta, durante un breve riposo, Buck rimase impigliato nelle redini.
Il a retardé le départ et a perturbé le mouvement de l'équipe.
Ritardò la partenza e confuse i movimenti della squadra.

Dave et Solleks se sont jetés sur lui et lui ont donné une raclée.
Dave e Solleks si avventarono su di lui e lo picchiarono duramente.
L'enchevêtrement n'a fait qu'empirer, mais Buck a bien appris sa leçon.
La situazione peggiorò ulteriormente, ma Buck imparò bene la lezione.
Dès lors, il garda les rênes tendues et travailla avec soin.
Da quel momento in poi tenne le redini tese e lavorò con attenzione.
Avant la fin de la journée, Buck avait maîtrisé une grande partie de sa tâche.
Prima che la giornata finisse, Buck aveva portato a termine gran parte del suo compito.
Ses coéquipiers ont presque arrêté de le corriger ou de le mordre.
I suoi compagni di squadra quasi smisero di correggerlo o di morderlo.
Le fouet de François claquait de moins en moins souvent dans l'air.
La frusta di François schioccava nell'aria sempre meno spesso.
Perrault a même soulevé les pieds de Buck et a soigneusement examiné chaque patte.
Perrault sollevò addirittura i piedi di Buck ed esaminò attentamente ogni zampa.
Cela avait été une journée de course difficile, longue et épuisante pour eux tous.
Era stata una giornata di corsa dura, lunga ed estenuante per tutti loro.
Ils remontèrent le Cañon, traversèrent Sheep Camp et passèrent devant les Scales.
Risalirono il Cañon, attraversarono Sheep Camp e superarono le Scales.
Ils ont traversé la limite des forêts, puis des glaciers et des congères de plusieurs mètres de profondeur.

Superarono il limite della vegetazione arborea, poi ghiacciai e cumuli di neve alti diversi metri.
Ils ont escaladé la grande et froide chaîne de montagnes Chilkoot Divide.
Scalarono il grande e freddo Chilkoot Divide.
Cette haute crête se dressait entre l'eau salée et l'intérieur gelé.
Quella cresta elevata si ergeva tra l'acqua salata e l'interno ghiacciato.
Les montagnes protégeaient le Nord triste et solitaire avec de la glace et des montées abruptes.
Le montagne custodivano il triste e solitario Nord con ghiaccio e ripide salite.
Ils ont parcouru à bon rythme une longue chaîne de lacs en aval de la ligne de partage des eaux.
Scesero rapidamente lungo una lunga catena di laghi sotto la dorsale.
Ces lacs remplissaient les anciens cratères de volcans éteints.
Questi laghi riempivano gli antichi crateri di vulcani spenti.
Tard dans la nuit, ils atteignirent un grand camp au bord du lac Bennett.
Quella notte tardi raggiunsero un grande accampamento presso il lago Bennett.
Des milliers de chercheurs d'or étaient là, construisant des bateaux pour le printemps.
Migliaia di cercatori d'oro erano lì, intenti a costruire barche per la primavera.
La glace allait bientôt se briser et ils devaient être prêts.
Il ghiaccio si sarebbe presto rotto e dovevano essere pronti.
Buck creusa son trou dans la neige et tomba dans un profond sommeil.
Buck scavò la sua buca nella neve e cadde in un sonno profondo.
Il dormait comme un ouvrier, épuisé par une dure journée de travail.
Dormiva come un lavoratore, esausto dopo una dura giornata di lavoro.

Mais trop tôt dans l'obscurité, il fut tiré de son sommeil.
Ma venne strappato al sonno troppo presto, nell'oscurità.
Il fut à nouveau attelé avec ses compagnons et attaché au traîneau.
Fu nuovamente imbrigliato insieme ai suoi compagni e attaccato alla slitta.
Ce jour-là, ils ont parcouru quarante milles, car la neige était bien battue.
Quel giorno percorsero quaranta miglia, perché la neve era ben calpestata.
Le lendemain, et pendant plusieurs jours après, la neige était molle.
Il giorno dopo, e per molti giorni a seguire, la neve era soffice.
Ils ont dû faire le chemin eux-mêmes, en travaillant plus dur et en avançant plus lentement.
Dovettero farsi strada da soli, lavorando di più e muovendosi più lentamente.
Habituellement, Perrault marchait devant l'équipe avec des raquettes palmées.
Di solito, Perrault camminava davanti alla squadra con le ciaspole palmate.
Ses pas ont compacté la neige, facilitant ainsi le déplacement du traîneau.
I suoi passi compattavano la neve, facilitando lo spostamento della slitta.
François, qui dirigeait depuis le mât, prenait parfois le relais.
François, che era al timone della barca a vela, a volte prendeva il comando.
Mais il était rare que François prenne les devants
Ma era raro che François prendesse l'iniziativa
parce que Perrault était pressé de livrer les lettres et les colis.
perché Perrault aveva fretta di consegnare le lettere e i pacchi.
Perrault était fier de sa connaissance de la neige, et surtout de la glace.
Perrault era orgoglioso della sua conoscenza della neve, e in particolare del ghiaccio.

Cette connaissance était essentielle, car la glace d'automne était dangereusement mince.
Questa conoscenza era essenziale perché il ghiaccio autunnale era pericolosamente sottile.
Là où l'eau coulait rapidement sous la surface, il n'y avait pas du tout de glace.
Dove l'acqua scorreva rapidamente sotto la superficie non c'era affatto ghiaccio.

Jour après jour, la même routine se répétait sans fin.
Giorno dopo giorno, la stessa routine si ripeteva senza fine.
Buck travaillait sans relâche sur les rênes, de l'aube jusqu'à la nuit.
Buck lavorava senza sosta con le redini, dall'alba alla sera.
Ils quittèrent le camp dans l'obscurité, bien avant le lever du soleil.
Lasciarono l'accampamento al buio, molto prima che sorgesse il sole.
Au moment où le jour se leva, ils avaient déjà parcouru de nombreux kilomètres.
Quando spuntò l'alba, avevano già percorso molti chilometri.
Ils ont installé leur campement après la tombée de la nuit, mangeant du poisson et creusant dans la neige.
Si accamparono dopo il tramonto, mangiando pesce e scavando buche nella neve.
Buck avait toujours faim et n'était jamais vraiment satisfait de sa ration.
Buck era sempre affamato e non era mai veramente soddisfatto della sua razione.
Il recevait une livre et demie de saumon séché chaque jour.
Riceveva ogni giorno mezzo chilo di salmone essiccato.
Mais la nourriture semblait disparaître en lui, laissant la faim derrière elle.
Ma il cibo sembrò svanire dentro di lui, lasciandogli solo la fame.
Il souffrait constamment de la faim et rêvait de plus de nourriture.

Soffriva di continui morsi della fame e sognava di avere più cibo.
Les autres chiens n'ont pris qu'une livre, mais ils sont restés forts.
Gli altri cani hanno ricevuto solo mezzo chilo di cibo, ma sono rimasti forti.
Ils étaient plus petits et étaient nés dans le mode de vie du Nord.
Erano più piccoli ed erano nati in una società nordica.
Il perdit rapidement la méticulosité qui avait marqué son ancienne vie.
Perse rapidamente la pignoleria che aveva caratterizzato la sua vecchia vita.
Il avait été un mangeur délicat, mais maintenant ce n'était plus possible.
Fino a quel momento era stato un mangiatore prelibato, ma ora non gli era più possibile.
Ses camarades ont terminé premiers et lui ont volé sa ration inachevée.
I suoi compagni arrivarono primi e gli rubarono la razione rimasta.
Une fois qu'ils ont commencé, il n'y avait aucun moyen de défendre sa nourriture contre eux.
Una volta cominciati, non c'era più modo di difendere il cibo da loro.
Pendant qu'il combattait deux ou trois chiens, les autres volaient le reste.
Mentre lui lottava contro due o tre cani, gli altri rubarono il resto.
Pour résoudre ce problème, il a commencé à manger aussi vite que les autres.
Per risolvere il problema, cominciò a mangiare velocemente come mangiavano gli altri.
La faim le poussait tellement qu'il prenait même de la nourriture qui n'était pas la sienne.
La fame lo spingeva così forte che arrivò persino a prendere del cibo non suo.

Il observait les autres et apprenait rapidement de leurs actions.
Osservò gli altri e imparò rapidamente dalle loro azioni.
Il a vu Pike, un nouveau chien, voler une tranche de bacon à Perrault.
Vide Pike, un nuovo cane, rubare una fetta di pancetta a Perrault.
Pike avait attendu que Perrault ait le dos tourné pour voler le bacon.
Pike aveva aspettato che Perrault gli voltasse le spalle per rubare la pagnotta.
Le lendemain, Buck a copié Pike et a volé tout le morceau.
Il giorno dopo, Buck copiò Pike e rubò l'intero pezzo.
Un grand tumulte s'ensuivit, mais Buck ne fut pas suspecté.
Seguì un gran tumulto, ma Buck non fu sospettato.
Dub, un chien maladroit qui se faisait toujours prendre, a été puni à la place.
Al suo posto venne punito Dub, un cane goffo che veniva sempre beccato.
Ce premier vol a fait de Buck un chien apte à survivre dans le Nord.
Quel primo furto fece di Buck un cane adatto a sopravvivere al Nord.
Il a montré qu'il pouvait s'adapter à de nouvelles conditions et apprendre rapidement.
Ha dimostrato di sapersi adattare alle nuove condizioni e di saper imparare rapidamente.
Sans une telle adaptabilité, il serait mort rapidement et gravement.
Senza tale adattabilità, sarebbe morto rapidamente e gravemente.
Cela a également marqué l'effondrement de sa nature morale et de ses valeurs passées.
Segnò anche il crollo della sua natura morale e dei suoi valori passati.
Dans le Southland, il avait vécu sous la loi de l'amour et de la bonté.

Nel Southland aveva vissuto secondo la legge dell'amore e della gentilezza.
Là, il était logique de respecter la propriété et les sentiments des autres chiens.
Lì aveva senso rispettare la proprietà e i sentimenti degli altri cani.
Mais le Northland suivait la loi du gourdin et la loi du croc.
Ma i Northland seguivano la legge del bastone e la legge della zanna.
Quiconque respectait les anciennes valeurs ici était stupide et échouerait.
Chiunque rispettasse i vecchi valori era uno sciocco e avrebbe fallito.
Buck n'a pas réfléchi à tout cela dans son esprit.
Buck non rifletté su tutto questo nella sua mente.
Il était en forme et s'est donc adapté sans avoir besoin de réfléchir.
Era in forma e quindi si adattò senza pensarci due volte.
De toute sa vie, il n'avait jamais fui un combat.
In tutta la sua vita non era mai fuggito da una rissa.
Mais la massue en bois de l'homme au pull rouge a changé cette règle.
Ma la mazza di legno dell'uomo con il maglione rosso cambiò la regola.
Il suivait désormais un code plus profond et plus ancien, inscrit dans son être.
Ora seguiva un codice più profondo e antico, inscritto nel suo essere.
Il ne volait pas par plaisir, mais par faim.
Non rubava per piacere, ma per il dolore della fame.
Il n'a jamais volé ouvertement, mais il a volé avec ruse et prudence.
Non rubava mai apertamente, ma rubava con astuzia e attenzione.
Il a agi par respect pour la massue en bois et par peur du croc.

Agì per rispetto verso la clava di legno e per paura delle zanne.

En bref, il a fait ce qui était plus facile et plus sûr que de ne pas le faire.

In breve, ha fatto ciò che era più facile e sicuro che non farlo.

Son développement – ou peut-être son retour à ses anciens instincts – fut rapide.

Il suo sviluppo, o forse il suo ritorno ai vecchi istinti, fu rapido.

Ses muscles se durcirent jusqu'à devenir aussi forts que du fer.

I suoi muscoli si indurirono fino a diventare forti come il ferro.

Il ne se souciait plus de la douleur, à moins qu'elle ne soit grave.

Non gli importava più del dolore, a meno che non fosse grave.

Il est devenu efficace à l'intérieur comme à l'extérieur, ne gaspillant rien du tout.

Divenne efficiente dentro e fuori, senza sprecare nulla.

Il pouvait manger des choses viles, pourries ou difficiles à digérer.

Poteva mangiare cose disgustose, marce o difficili da digerire.

Quoi qu'il mange, son estomac utilisait jusqu'au dernier morceau de valeur.

Qualunque cosa mangiasse, il suo stomaco ne sfruttava ogni singolo pezzetto di valore.

Son sang transportait les nutriments loin dans son corps puissant.

Il suo sangue trasportava i nutrienti in tutto il suo potente corpo.

Cela a créé des tissus solides qui lui ont donné une endurance incroyable.

Ciò gli ha permesso di sviluppare tessuti forti che gli hanno conferito un'incredibile resistenza.

Sa vue et son odorat sont devenus beaucoup plus sensibles qu'avant.

La sua vista e il suo olfatto diventarono molto più sensibili di prima.

Son ouïe est devenue si fine qu'il pouvait détecter des sons faibles pendant son sommeil.
Il suo udito diventò così acuto che riusciva a percepire anche i suoni più deboli durante il sonno.
Il savait dans ses rêves si les sons signifiaient sécurité ou danger.
Nei sogni sapeva se quei suoni significavano sicurezza o pericolo.
Il a appris à mordre la glace entre ses orteils avec ses dents.
Imparò a mordere con i denti il ghiaccio tra le dita dei piedi.
Si un point d'eau gelait, il brisait la glace avec ses jambes.
Se una pozza d'acqua si ghiacciava, lui rompeva il ghiaccio con le gambe.
Il se cabra et frappa violemment la glace avec ses membres antérieurs raides.
Si impennò e colpì duramente il ghiaccio con gli arti anteriori rigidi.
Sa capacité la plus frappante était de prédire les changements de vent pendant la nuit.
La sua abilità più sorprendente era quella di prevedere i cambiamenti del vento durante la notte.
Même lorsque l'air était calme, il choisissait des endroits abrités du vent.
Anche quando l'aria era immobile, sceglieva luoghi riparati dal vento.
Partout où il creusait son nid, le vent du lendemain le passait à côté de lui.
Ovunque scavasse il nido, il vento del giorno dopo lo superava.
Il finissait toujours par se blottir et se protéger, sous le vent.
Alla fine si ritrovava sempre al sicuro e protetto, al riparo dal vento.
Buck n'a pas seulement appris par l'expérience : son instinct est également revenu.
Buck non solo imparò dall'esperienza: anche il suo istinto tornò.

Les habitudes des générations domestiquées ont commencé à disparaître.
Le abitudini delle generazioni addomesticate cominciarono a scomparire.
De manière vague, il se souvenait des temps anciens de sa race.
Ricordava vagamente i tempi antichi della sua razza.
Il repensa à l'époque où les chiens sauvages couraient en meute dans les forêts.
Ripensò a quando i cani selvatici correvano in branco nelle foreste.
Ils avaient poursuivi et tué leur proie en la poursuivant.
Avevano inseguito e ucciso la loro preda mentre la inseguivano.
Il était facile pour Buck d'apprendre à se battre avec force et rapidité.
Per Buck fu facile imparare a combattere con forza e velocità.
Il utilisait des coupures, des entailles et des coups rapides, tout comme ses ancêtres.
Come i suoi antenati, usava tagli, squarci e schiocchi rapidi.
Ces ancêtres se sont réveillés en lui et ont réveillé sa nature sauvage.
Quegli antenati si risvegliarono in lui e risvegliarono la sua natura selvaggia.
Leurs anciennes compétences lui avaient été transmises par le sang.
Le loro vecchie abilità gli erano state trasmesse attraverso la linea di sangue.
Leurs tours étaient désormais à lui, sans besoin de pratique ni d'effort.
Ora i loro trucchi erano suoi, senza bisogno di pratica o sforzo.

Lors des nuits calmes et froides, Buck levait le nez et hurlait.
Nelle notti fredde e tranquille, Buck sollevava il naso e ululò.
Il hurla longuement et profondément, comme le faisaient les loups autrefois.

Ululò a lungo e profondamente, come facevano i lupi tanto tempo fa.
À travers lui, ses ancêtres morts pointaient leur nez et hurlaient.
Attraverso di lui, i suoi antenati defunti puntarono il naso e ulularono.
Ils ont hurlé à travers les siècles avec sa voix et sa forme.
Hanno ululato attraverso i secoli con la sua voce e la sua forma.
Ses cadences étaient les leurs, de vieux cris qui parlaient de chagrin et de froid.
Le sue cadenze erano le loro, vecchi gridi che parlavano di dolore e di freddo.
Ils chantaient l'obscurité, la faim et le sens de l'hiver.
Cantavano dell'oscurità, della fame e del significato dell'inverno.
Buck a prouvé que la vie est façonnée par des forces qui nous dépassent.
Buck ha dimostrato come la vita sia plasmata da forze che vanno oltre noi stessi,
L'ancienne chanson s'éleva à travers Buck et s'empara de son âme.
l'antico canto risuonò nelle vene di Buck e si impadronì della sua anima.
Il s'est retrouvé parce que les hommes avaient trouvé de l'or dans le Nord.
Ritrovò se stesso perché gli uomini avevano trovato l'oro nel Nord.
Et il s'est retrouvé parce que Manuel, l'aide du jardinier, avait besoin d'argent.
E lo trovò perché Manuel, l'aiutante giardiniere, aveva bisogno di soldi.

La Bête Primordiale Dominante
La Bestia Primordiale Dominante

La bête primordiale dominante était aussi forte que jamais en Buck.
La bestia primordiale dominante era più forte che mai in Buck.
Mais la bête primordiale dominante sommeillait en lui.
Ma la bestia primordiale dominante era rimasta dormiente in lui.
La vie sur le sentier était dure, mais elle renforçait la bête qui sommeillait en Buck.
La vita sui sentieri era dura, ma rafforzava la bestia che era in Buck.
Secrètement, la bête devenait de plus en plus forte chaque jour.
Segretamente la bestia diventava sempre più forte ogni giorno.
Mais cette croissance intérieure est restée cachée au monde extérieur.
Ma quella crescita interiore è rimasta nascosta al mondo esterno.
Une force primordiale, calme et tranquille, se construisait à l'intérieur de Buck.
Una forza primordiale calma e silenziosa si stava formando dentro Buck.
Une nouvelle ruse a donné à Buck l'équilibre, le calme, le contrôle et l'équilibre.
Una nuova astuzia diede a Buck equilibrio, calma e compostezza.
Buck s'est concentré sur son adaptation, sans jamais se sentir complètement détendu.
Buck si concentrò molto sull'adattamento, senza mai sentirsi completamente rilassato.
Il évitait les conflits, ne déclenchait jamais de bagarres et ne cherchait jamais les ennuis.
Evitava i conflitti, non iniziava mai litigi e non cercava mai guai.

Une réflexion lente et constante façonnait chaque mouvement de Buck.
Ogni mossa di Buck era scandita da una riflessione lenta e costante.
Il évitait les choix irréfléchis et les décisions soudaines et imprudentes.
Evitava scelte avventate e decisioni improvvise e sconsiderate.
Bien que Buck détestait profondément Spitz, il ne lui montrait aucune agressivité.
Sebbene Buck odiasse profondamente Spitz, non gli mostrò alcuna aggressività.
Buck n'a jamais provoqué Spitz et a gardé ses actions contenues.
Buck non provocò mai Spitz e mantenne le sue azioni moderate.
Spitz, de son côté, sentait le danger grandissant chez Buck.
Spitz, d'altro canto, percepì il pericolo crescente in Buck.
Il considérait Buck comme une menace et un sérieux défi à son pouvoir.
Vedeva Buck come una minaccia e una seria sfida al suo potere.
Il profitait de chaque occasion pour grogner et montrer ses dents acérées.
Coglieva ogni occasione per ringhiare e mostrare i suoi denti aguzzi.
Il essayait de déclencher le combat mortel qui devait avoir lieu.
Stava cercando di dare inizio allo scontro mortale che sarebbe dovuto avvenire.
Au début du voyage, une bagarre a failli éclater entre eux.
All'inizio del viaggio, tra loro scoppiò quasi una lite.
Mais un accident inattendu a empêché le combat d'avoir lieu.
Ma un incidente inaspettato impedì che il combattimento avesse luogo.
Ce soir-là, ils installèrent leur campement sur le lac Le Barge, extrêmement froid.

Quella sera si accamparono sul gelido lago Le Barge.
La neige tombait fort et le vent soufflait comme un couteau.
La neve cadeva fitta e il vento era tagliente come una lama.
La nuit était venue trop vite et l'obscurité les entourait.
La notte era scesa troppo in fretta e l'oscurità li aveva avvolti.
Ils n'auraient pas pu choisir un pire endroit pour se reposer.
Difficilmente avrebbero potuto scegliere un posto peggiore per riposare.
Les chiens cherchaient désespérément un endroit où se coucher.
I cani cercavano disperatamente un posto dove sdraiarsi.
Un haut mur de roche s'élevait abruptement derrière le petit groupe.
Dietro il piccolo gruppo si ergeva un'alta parete rocciosa.
La tente avait été laissée à Dyea pour alléger la charge.
Per alleggerire il carico, la tenda era stata lasciata a Dyea.
Ils n'avaient pas d'autre choix que d'allumer le feu sur la glace elle-même.
Non avevano altra scelta che accendere il fuoco direttamente sul ghiaccio.
Ils étendent leurs robes de nuit directement sur le lac gelé.
Stendevano i loro accappatoi direttamente sul lago ghiacciato.
Quelques bâtons de bois flotté leur ont donné un peu de feu.
Qualche pezzo di legno galleggiante dava loro un po' di fuoco.
Mais le feu s'est allumé sur la glace et a fondu à travers elle.
Ma il fuoco è stato acceso sul ghiaccio e attraverso di esso si è scongelato.
Finalement, ils mangeaient leur dîner dans l'obscurité.
Alla fine cenarono al buio.
Buck s'est recroquevillé près du rocher, à l'abri du vent froid.
Buck si rannicchiò accanto alla roccia, al riparo dal vento freddo.
L'endroit était si chaud et sûr que Buck détestait déménager.
Il posto era così caldo e sicuro che Buck non voleva andarsene.
Mais François avait réchauffé le poisson et distribuait les rations.

Ma François aveva scaldato il pesce e stava distribuendo le razioni.
Buck finit de manger rapidement et retourna dans son lit.
Buck finì di mangiare in fretta e tornò a letto.
Mais Spitz était maintenant allongé là où Buck avait fait son lit.
Ma Spitz ora giaceva dove Buck aveva preparato il suo letto.
Un grognement sourd avertit Buck que Spitz refusait de bouger.
Un ringhio basso avvertì Buck che Spitz si rifiutava di muoversi.
Jusqu'à présent, Buck avait évité ce combat avec Spitz.
Finora Buck aveva evitato lo scontro con Spitz.
Mais au plus profond de Buck, la bête s'est finalement libérée.
Ma nel profondo di Buck la bestia alla fine si liberò.
Le vol de son lieu de couchage était trop difficile à tolérer.
Il furto del suo posto letto era troppo da tollerare.
Buck se lança sur Spitz, plein de colère et de rage.
Buck si lanciò contro Spitz, pieno di rabbia e furore.
Jusqu'à présent, Spitz pensait que Buck n'était qu'un gros chien.
Fino a quel momento Spitz aveva pensato che Buck fosse solo un grosso cane.
Il ne pensait pas que Buck avait survécu grâce à son esprit.
Non pensava che Buck fosse sopravvissuto grazie al suo spirito.
Il s'attendait à la peur et à la lâcheté, pas à la fureur et à la vengeance.
Si aspettava paura e codardia, non furia e vendetta.
François regarda les deux chiens sortir du nid en ruine.
François rimase a guardare mentre entrambi i cani schizzavano fuori dal nido in rovina.
Il comprit immédiatement ce qui avait déclenché cette lutte sauvage.
Capì subito cosa aveva scatenato quella violenta lotta.
« Aa-ah ! » s'écria François en soutien au chien brun.

"Aa-ah!" gridò François in sostegno del cane marrone.
« Frappez-le ! Par Dieu, punissez ce voleur sournois ! »
"Dategli una bella lezione! Per Dio, punite quel ladro furbo!"
Spitz a montré une volonté égale et une impatience folle de se battre.
Spitz dimostrò altrettanta prontezza e fervore nel combattere.
Il cria de rage tout en tournant rapidement en rond, cherchant une ouverture.
Gridò di rabbia mentre girava velocemente in tondo, cercando un varco.
Buck a montré la même soif de combat et la même prudence.
Buck mostrò la stessa fame di combattere e la stessa cautela.
Il a également encerclé son adversaire, essayant de prendre le dessus dans la bataille.
Anche lui girò intorno al suo avversario, cercando di avere la meglio nella battaglia.
Puis quelque chose d'inattendu s'est produit et a tout changé.
Poi accadde qualcosa di inaspettato e cambiò tutto.
Ce moment a retardé l'éventuelle lutte pour le leadership.
Quel momento ritardò l'eventuale lotta per la leadership.
De nombreux kilomètres de piste et de lutte attendaient encore avant la fin.
Ci sarebbero ancora molti chilometri di sentiero e di lotta da percorrere prima della fine.
Perrault cria un juron tandis qu'une massue frappait un os.
Perrault urlò un'imprecazione mentre una mazza colpiva l'osso.
Un cri aigu de douleur suivit, puis le chaos explosa tout autour.
Seguì un acuto grido di dolore, poi il caos esplose tutt'intorno.
Des formes sombres se déplaçaient dans le camp ; des huskies sauvages, affamés et féroces.
Forme scure si muovevano nell'accampamento: husky selvatici, affamati e feroci.
Quatre ou cinq douzaines de huskies avaient reniflé le camp de loin.

Quattro o cinque dozzine di husky avevano fiutato l'accampamento da molto lontano.
Ils s'étaient glissés discrètement pendant que les deux chiens se battaient à proximité.
Si erano introdotti furtivamente mentre i due cani litigavano lì vicino.
François et Perrault chargèrent en brandissant des massues sur les envahisseurs.
François e Perrault si lanciarono all'attacco, colpendo con i manganelli gli invasori.
Les huskies affamés ont montré les dents et ont riposté avec frénésie.
Gli husky affamati mostrarono i denti e si dibatterono freneticamente.
L'odeur de la viande et du pain les avait chassés de toute peur.
L'odore della carne e del pane li aveva fatti superare ogni paura.
Perrault battait un chien qui avait enfoui sa tête dans la boîte à nourriture.
Perrault picchiò un cane che aveva nascosto la testa nella buca delle vivande.
Le coup a été violent et la boîte s'est retournée, la nourriture s'est répandue.
Il colpo fu violento e la scatola si ribaltò, facendo fuoriuscire il cibo.
En quelques secondes, une vingtaine de bêtes sauvages déchirèrent le pain et la viande.
Nel giro di pochi secondi, una ventina di bestie feroci si avventarono sul pane e sulla carne.
Les gourdin masculins ont porté coup sur coup, mais aucun chien ne s'est détourné.
I bastoni degli uomini sferrarono un colpo dopo l'altro, ma nessun cane si allontanò.
Ils hurlaient de douleur, mais se battaient jusqu'à ce qu'il ne reste plus de nourriture.

Urlavano di dolore, ma continuarono a lottare finché non rimase più cibo.

Pendant ce temps, les chiens de traîneau avaient sauté de leurs lits enneigés.

Nel frattempo i cani da slitta erano saltati giù dalle loro culle innevate.

Ils ont été immédiatement attaqués par les huskies vicieux et affamés.

Furono immediatamente attaccati dai feroci e affamati husky.

Buck n'avait jamais vu de créatures aussi sauvages et affamées auparavant.

Buck non aveva mai visto prima creature così selvagge e affamate.

Leur peau pendait librement, cachant à peine leur squelette.

La loro pelle pendeva flaccida, nascondendo a malapena lo scheletro.

Il y avait un feu dans leurs yeux, de faim et de folie

C'era un fuoco nei loro occhi, per fame e follia

Il n'y avait aucun moyen de les arrêter, aucune résistance à leur ruée sauvage.

Non c'era modo di fermarli, di resistere al loro assalto selvaggio.

Les chiens de traîneau furent repoussés, pressés contre la paroi de la falaise.

I cani da slitta vennero spinti indietro e premuti contro la parete della scogliera.

Trois huskies ont attaqué Buck en même temps, déchirant sa chair.

Tre husky attaccarono Buck contemporaneamente, lacerandogli la carne.

Du sang coulait de sa tête et de ses épaules, là où il avait été coupé.

Il sangue gli colava dalla testa e dalle spalle, dove era stato tagliato.

Le bruit remplissait le camp : grognements, cris et cris de douleur.

Il rumore riempì l'accampamento: ringhi, guaiti e grida di dolore.
Billee pleurait fort, comme d'habitude, prise dans la mêlée et la panique.
Billee pianse forte, come al solito, presa dal panico e dalla mischia.
Dave et Solleks se tenaient côte à côte, saignant mais provocants.
Dave e Solleks rimasero fianco a fianco, sanguinanti ma con aria di sfida.
Joe s'est battu comme un démon, mordant tout ce qui s'approchait.
Joe lottava come un demonio, mordendo tutto ciò che gli si avvicinava.
Il a écrasé la jambe d'un husky d'un claquement brutal de ses mâchoires.
Con un violento schiocco di mascelle schiacciò la zampa di un husky.
Pike a sauté sur le husky blessé et lui a brisé le cou instantanément.
Pike saltò sull'husky ferito e gli ruppe il collo all'istante.
Buck a attrapé un husky par la gorge et lui a déchiré la veine.
Buck afferrò un husky per la gola e gli strappò la vena.
Le sang gicla et le goût chaud poussa Buck dans une frénésie.
Il sangue schizzò e il sapore caldo mandò Buck in delirio.
Il s'est jeté sur un autre agresseur sans hésitation.
Si lanciò contro un altro aggressore senza esitazione.
Au même moment, des dents acérées s'enfoncèrent dans la gorge de Buck.
Nello stesso momento, denti aguzzi si conficcarono nella gola di Buck.
Spitz avait frappé de côté, attaquant sans avertissement.
Spitz aveva colpito di lato, attaccando senza preavviso.
Perrault et François avaient vaincu les chiens en volant la nourriture.
Perrault e François avevano sconfitto i cani rubando il cibo.

Ils se sont alors précipités pour aider leurs chiens à repousser les attaquants.
Ora si precipitarono ad aiutare i loro cani a respingere gli aggressori.
Les chiens affamés se retirèrent tandis que les hommes brandissaient leurs gourdins.
I cani affamati si ritirarono mentre gli uomini roteavano i loro manganelli.
Buck s'est libéré de l'attaque, mais l'évasion a été brève.
Buck riuscì a liberarsi dall'attacco, ma la fuga fu breve.
Les hommes ont couru pour sauver leurs chiens, et les huskies ont de nouveau afflué.
Gli uomini corsero a salvare i loro cani e gli husky tornarono ad attaccarli.
Billee, effrayé et courageux, sauta dans la meute de chiens.
Billee, spaventato e coraggioso, si lanciò nel branco di cani.
Mais il s'est alors enfui sur la glace, saisi de terreur et de panique.
Ma poi fuggì attraverso il ghiaccio, in preda al terrore e al panico.
Pike et Dub suivaient de près, courant pour sauver leur vie.
Pike e Dub li seguirono da vicino, correndo per salvarsi la vita.
Le reste de l'équipe s'est séparé et dispersé, les suivant.
Il resto della squadra si disperse e li inseguì.
Buck rassembla ses forces pour courir, mais vit alors un éclair.
Buck raccolse le forze per correre, ma poi vide un lampo.
Spitz s'est jeté sur le côté de Buck, essayant de le faire tomber au sol.
Spitz si lanciò verso Buck, cercando di buttarlo a terra.
Sous cette foule de huskies, Buck n'aurait eu aucune échappatoire.
Sotto quella banda di husky, Buck non avrebbe avuto scampo.
Mais Buck est resté ferme et s'est préparé au coup de Spitz.
Ma Buck rimase fermo e si preparò al colpo di Spitz.
Puis il s'est retourné et a couru sur la glace avec l'équipe en fuite.

Poi si voltò e corse sul ghiaccio con la squadra in fuga.

Plus tard, les neuf chiens de traîneau se sont rassemblés à l'abri des bois.
Più tardi i nove cani da slitta si radunarono al riparo del bosco.
Personne ne les poursuivait plus, mais ils étaient battus et blessés.
Nessuno li inseguiva più, ma erano malconci e feriti.
Chaque chien avait des blessures ; quatre ou cinq coupures profondes sur chaque corps.
Ogni cane presentava delle ferite: quattro o cinque tagli profondi su ogni corpo.
Dub avait une patte arrière blessée et avait du mal à marcher maintenant.
Dub aveva una zampa posteriore ferita e ora faceva fatica a camminare.
Dolly, le nouveau chien de Dyea, avait la gorge tranchée.
Dolly, l'ultimo cane arrivato da Dyea, aveva la gola tagliata.
Joe avait perdu un œil et l'oreille de Billee était coupée en morceaux
Joe aveva perso un occhio e l'orecchio di Billee era stato tagliato a pezzi
Tous les chiens ont crié de douleur et de défaite toute la nuit.
Tutti i cani piansero per il dolore e la sconfitta durante la notte.
À l'aube, ils retournèrent au camp, endoloris et brisés.
All'alba tornarono lentamente all'accampamento, doloranti e distrutti.
Les huskies avaient disparu, mais le mal était fait.
Gli husky erano scomparsi, ma il danno era fatto.
Perrault et François étaient de mauvaise humeur à cause de la ruine.
Perrault e François erano di pessimo umore e osservavano le rovine.

La moitié de la nourriture avait disparu, volée par les voleurs affamés.
Metà del cibo era sparito, rubato dai ladri affamati.
Les huskies avaient déchiré les fixations et la toile du traîneau.
Gli husky avevano strappato le corde e la tela della slitta.
Tout ce qui avait une odeur de nourriture avait été complètement dévoré.
Tutto ciò che aveva odore di cibo era stato divorato completamente.
Ils ont mangé une paire de bottes de voyage en peau d'élan de Perrault.
Mangiarono un paio di stivali da viaggio in pelle di alce di Perrault.
Ils ont mâché des reis en cuir et ruiné des sangles au point de les rendre inutilisables.
Hanno masticato le pelli e rovinato i cinturini rendendoli inutilizzabili.
François cessa de fixer le fouet déchiré pour vérifier les chiens.
François smise di fissare la frusta strappata per controllare i cani.
« Ah, mes amis », dit-il d'une voix basse et pleine d'inquiétude.
«Ah, amici miei», disse con voce bassa e preoccupata.
« Peut-être que toutes ces morsures vous transformeront en bêtes folles. »
"Forse tutti questi morsi vi trasformeranno in bestie pazze."
« Peut-être que ce sont tous des chiens enragés, sacredam ! Qu'en penses-tu, Perrault ? »
"Forse tutti cani rabbiosi, sacredam! Che ne pensi, Perrault?"
Perrault secoua la tête, les yeux sombres d'inquiétude et de peur.
Perrault scosse la testa, con gli occhi scuri per la preoccupazione e la paura.
Il y avait encore quatre cents milles entre eux et Dawson.
C'erano ancora quattrocento miglia tra loro e Dawson.

La folie canine pourrait désormais détruire toute chance de survie.
La follia dei cani potrebbe ormai distruggere ogni possibilità di sopravvivenza.
Ils ont passé deux heures à jurer et à essayer de réparer le matériel.
Hanno passato due ore a imprecare e a cercare di riparare l'attrezzatura.
L'équipe blessée a finalement quitté le camp, brisée et vaincue.
La squadra ferita alla fine lasciò l'accampamento, distrutta e sconfitta.
C'était le sentier le plus difficile jusqu'à présent, et chaque pas était douloureux.
Questo è stato il sentiero più duro finora e ogni passo è stato doloroso.
La rivière Thirty Mile n'était pas gelée et coulait à flots.
Il fiume Thirty Mile non era ghiacciato e scorreva impetuoso.
Ce n'est que dans les endroits calmes et les tourbillons que la glace parvenait à tenir.
Soltanto nei punti calmi e nei vortici il ghiaccio riusciva a resistere.
Six jours de dur labeur se sont écoulés jusqu'à ce que les trente milles soient parcourus.
Trascorsero sei giorni di duro lavoro per percorrere le trenta miglia.
Chaque kilomètre parcouru sur le sentier apportait du danger et une menace de mort.
Ogni miglio del sentiero porta con sé pericoli e minacce di morte.
Les hommes et les chiens risquaient leur vie à chaque pas douloureux.
Uomini e cani rischiavano la vita a ogni passo doloroso.
Perrault a franchi des ponts de glace minces à une douzaine de reprises.
Perrault riuscì a superare i sottili ponti di ghiaccio una dozzina di volte.

Il portait une perche et la laissait tomber sur le trou que son corps avait fait.
Prese un palo e lo lasciò cadere nel buco creato dal suo corpo.
Plus d'une fois, ce poteau a sauvé Perrault de la noyade.
Quel palo salvò Perrault più di una volta dall'annegamento.
La vague de froid persistait, l'air était à cinquante degrés en dessous de zéro.
L'ondata di freddo persisteva, la temperatura era di cinquanta gradi sotto zero.
Chaque fois qu'il tombait, Perrault devait allumer un feu pour survivre.
Ogni volta che cadeva, Perrault era costretto ad accendere un fuoco per sopravvivere.
Les vêtements mouillés gelaient rapidement, alors il les séchait près d'une source de chaleur intense.
Gli abiti bagnati si congelavano rapidamente, perciò li faceva asciugare vicino al calore cocente.
Aucune peur n'a jamais touché Perrault, et cela a fait de lui un courrier.
Perrault non provava mai paura, e questo faceva di lui un corriere.
Il a été choisi pour le danger, et il l'a affronté avec une résolution tranquille.
Fu scelto per affrontare il pericolo e lo affrontò con silenziosa determinazione.
Il s'avança face au vent, son visage ratatiné et gelé.
Si spinse in avanti controvento, con il viso raggrinzito e congelato.
De l'aube naissante à la tombée de la nuit, Perrault les mena en avant.
Perrault li guidò in avanti dall'alba al tramonto.
Il marchait sur une étroite bordure de glace qui se fissurait à chaque pas.
Camminava sul ghiaccio sottile che scricchiolava a ogni passo.
Ils n'osaient pas s'arrêter : chaque pause risquait de provoquer un effondrement mortel.

Non osavano fermarsi: ogni pausa rischiava di provocare un crollo mortale.
Un jour, le traîneau s'est brisé, entraînant Dave et Buck à l'intérieur.
Una volta la slitta si ruppe, trascinando dentro Dave e Buck.
Au moment où ils ont été libérés, tous deux étaient presque gelés.
Quando furono liberati, entrambi erano quasi congelati.
Les hommes ont rapidement allumé un feu pour garder Buck et Dave en vie.
Gli uomini accesero rapidamente un fuoco per salvare Buck e Dave.
Les chiens étaient recouverts de glace du nez à la queue, raides comme du bois sculpté.
I cani erano ricoperti di ghiaccio dal naso alla coda, rigidi come legno intagliato.
Les hommes les faisaient courir en rond près du feu pour décongeler leurs corps.
Gli uomini li fecero correre in cerchio vicino al fuoco per scongelarne i corpi.
Ils se sont approchés si près des flammes que leur fourrure a été brûlée.
Si avvicinarono così tanto alle fiamme che la loro pelliccia rimase bruciacchiata.
Spitz a ensuite brisé la glace, entraînant l'équipe derrière lui.
Spitz ruppe poi il ghiaccio, trascinando dietro di sé la squadra.
La cassure s'est étendue jusqu'à l'endroit où Buck tirait.
La frenata arrivava fino al punto in cui Buck stava tirando.
Buck se pencha en arrière, ses pattes glissant et tremblant sur le bord.
Buck si appoggiò bruscamente allo schienale, con le zampe che scivolavano e tremavano sul bordo.
Dave a également tendu vers l'arrière, juste derrière Buck sur la ligne.
Anche Dave si sforzò all'indietro, proprio dietro Buck sulla linea.

François tirait sur le traîneau, ses muscles craquant sous l'effort.
François tirava la slitta e i suoi muscoli scricchiolavano per lo sforzo.
Une autre fois, la glace du bord s'est fissurée devant et derrière le traîneau.
Un'altra volta, il ghiaccio del bordo si è crepato davanti e dietro la slitta.
Ils n'avaient d'autre issue que d'escalader une paroi rocheuse gelée.
Non avevano altra via d'uscita se non quella di arrampicarsi su una parete ghiacciata.
Perrault a réussi à escalader le mur, mais un miracle l'a maintenu en vie.
In qualche modo Perrault riuscì a scalare il muro: un miracolo lo tenne in vita.
François resta en bas, priant pour avoir le même genre de chance.
François rimase sottocoperta, pregando che gli capitasse la stessa fortuna.
Ils ont attaché chaque sangle, chaque amarrage et chaque traçage en une seule longue corde.
Legarono ogni cinghia, legatura e tirante in un'unica lunga corda.
Les hommes ont hissé chaque chien, un par un, jusqu'au sommet.
Gli uomini trascinarono i cani uno alla volta fino in cima.
François est monté en dernier, après le traîneau et toute la charge.
François salì per ultimo, dopo la slitta e tutto il carico.
Commença alors une longue recherche d'un chemin pour descendre des falaises.
Poi iniziò una lunga ricerca di un sentiero che scendesse dalle scogliere.
Ils sont finalement descendus en utilisant la même corde qu'ils avaient fabriquée.

Alla fine scesero utilizzando la stessa corda che avevano costruito.

La nuit tombait alors qu'ils retournaient au lit de la rivière, épuisés et endoloris.
Scese la notte mentre tornavano al letto del fiume, esausti e doloranti.

La journée entière ne leur avait permis de gagner qu'un quart de mile.
Avevano impiegato un giorno intero per percorrere solo un quarto di miglio.

Au moment où ils atteignirent le Hootalinqua, Buck était épuisé.
Quando giunsero all'Hootalinqua, Buck era sfinito.

Les autres chiens ont tout autant souffert des conditions du sentier.
Anche gli altri cani soffrivano le stesse condizioni del sentiero.

Mais Perrault avait besoin de récupérer du temps et les poussait chaque jour.
Ma Perrault aveva bisogno di recuperare tempo e li spingeva avanti giorno dopo giorno.

Le premier jour, ils ont parcouru trente miles jusqu'à Big Salmon.
Il primo giorno percorsero trenta miglia fino a Big Salmon.

Le lendemain, ils parcoururent trente-cinq milles jusqu'à Little Salmon.
Il giorno dopo percorsero trentacinque miglia fino a Little Salmon.

Le troisième jour, ils ont parcouru quarante longs kilomètres gelés.
Il terzo giorno percorsero quaranta miglia ghiacciate.

À ce moment-là, ils approchaient de la colonie de Five Fingers.
A quel punto si stavano avvicinando all'insediamento di Five Fingers.

Les pieds de Buck étaient plus doux que les pieds durs des huskies indigènes.

I piedi di Buck erano più morbidi di quelli duri degli husky autoctoni.
Ses pattes étaient devenues plus fragiles au fil des générations civilisées.
Le sue zampe erano diventate tenere nel corso di molte generazioni civilizzate.
Il y a longtemps, ses ancêtres avaient été apprivoisés par des hommes de la rivière ou des chasseurs.
Molto tempo fa, i suoi antenati erano stati addomesticati dagli uomini del fiume o dai cacciatori.
Chaque jour, Buck boitait de douleur, marchant sur des pattes à vif et douloureuses.
Ogni giorno Buck zoppicava per il dolore, camminando con le zampe screpolate e doloranti.
Au camp, Buck tomba comme une forme sans vie sur la neige.
Giunto all'accampamento, Buck cadde come un corpo senza vita sulla neve.
Bien qu'affamé, Buck ne s'est pas levé pour manger son repas du soir.
Sebbene fosse affamato, Buck non si alzò per consumare il pasto serale.
François apporta sa ration à Buck, en déposant du poisson près de son museau.
François portò la sua razione a Buck, mettendogli del pesce vicino al muso.
Chaque nuit, le chauffeur frottait les pieds de Buck pendant une demi-heure.
Ogni notte l'autista massaggiava i piedi di Buck per mezz'ora.
François a même découpé ses propres mocassins pour en faire des chaussures pour chiens.
François arrivò persino a tagliare i suoi mocassini per farne delle calzature per cani.
Quatre chaussures chaudes ont apporté à Buck un grand et bienvenu soulagement.
Quattro scarpe calde diedero a Buck un grande e gradito sollievo.

Un matin, François oublia ses chaussures et Buck refusa de se lever.
Una mattina François dimenticò le scarpe e Buck si rifiutò di alzarsi.
Buck était allongé sur le dos, les pieds en l'air, les agitant pitoyablement.
Buck giaceva sulla schiena, con i piedi in aria, e li agitava in modo pietoso.
Même Perrault sourit à la vue de l'appel dramatique de Buck.
Persino Perrault sorrise alla vista dell'appello drammatico di Buck.
Bientôt, les pieds de Buck devinrent durs et les chaussures purent être jetées.
Ben presto i piedi di Buck diventarono duri e le scarpe poterono essere tolte.
À Pelly, pendant le temps du harnais, Dolly laissait échapper un hurlement épouvantable.
A Pelly, durante il periodo in cui veniva imbrigliata, Dolly emise un ululato terribile.
Le cri était long et rempli de folie, secouant chaque chien.
Il grido era lungo e pieno di follia, e fece tremare tutti i cani.
Chaque chien se hérissait de peur sans en connaître la raison.
Ogni cane si rizzava per la paura, senza capirne il motivo.
Dolly était devenue folle et s'était jetée directement sur Buck.
Dolly era impazzita e si era scagliata contro Buck.
Buck n'avait jamais vu la folie, mais l'horreur remplissait son cœur.
Buck non aveva mai visto la follia, ma l'orrore gli riempì il cuore.
Sans réfléchir, il se retourna et s'enfuit, complètement paniqué.
Senza pensarci due volte, si voltò e fuggì in preda al panico più assoluto.

Dolly le poursuivit, les yeux fous, la salive s'échappant de ses mâchoires.
Dolly lo inseguì, con gli occhi selvaggi e la saliva che le colava dalle fauci.
Elle est restée juste derrière Buck, sans jamais gagner ni reculer.
Si tenne sempre dietro a Buck, senza mai guadagnare terreno e senza mai indietreggiare.
Buck courut à travers les bois, le long de l'île, sur de la glace déchiquetée.
Buck corse attraverso i boschi, giù per l'isola, sul ghiaccio frastagliato.
Il traversa vers une île, puis une autre, revenant vers la rivière.
Attraversò un'isola, poi un'altra, per poi tornare indietro verso il fiume.
Dolly le poursuivait toujours, son grognement le suivant de près à chaque pas.
Dolly continuava a inseguirlo, ringhiando sempre più forte a ogni passo.
Buck pouvait entendre son souffle et sa rage, même s'il n'osait pas regarder en arrière.
Buck poteva sentire il suo respiro e la sua rabbia, anche se non osava voltarsi indietro.
François cria de loin, et Buck se tourna vers la voix.
François gridò da lontano e Buck si voltò verso la voce.
Encore à bout de souffle, Buck courut, plaçant tout espoir en François.
Ancora senza fiato, Buck corse oltre, riponendo ogni speranza in François.
Le conducteur du chien leva une hache et attendit que Buck passe à toute vitesse.
Il conducente del cane sollevò un'ascia e aspettò che Buck gli passasse accanto.
La hache s'abattit rapidement et frappa la tête de Dolly avec une force mortelle.

L'ascia calò rapidamente e colpì la testa di Dolly con forza mortale.
Buck s'est effondré près du traîneau, essoufflé et incapable de bouger.
Buck crollò vicino alla slitta, ansimando e incapace di muoversi.
Ce moment a donné à Spitz l'occasion de frapper un ennemi épuisé.
Quel momento diede a Spitz la possibilità di colpire un nemico esausto.
Il a mordu Buck à deux reprises, déchirant la chair jusqu'à l'os blanc.
Morse Buck due volte, strappandogli la carne fino all'osso bianco.
Le fouet de François claqua, frappant Spitz avec toute sa force et sa fureur.
La frusta di François schioccò, colpendo Spitz con tutta la sua forza, con furia.
Buck regarda avec joie Spitz recevoir sa raclée la plus dure jusqu'à présent.
Buck guardò con gioia Spitz mentre riceveva il pestaggio più duro fino a quel momento.
« C'est un diable, ce Spitz », murmura sombrement Perrault pour lui-même.
«È un diavolo, quello Spitz», borbottò Perrault tra sé e sé.
« Un jour prochain, ce maudit chien tuera Buck, je le jure. »
"Un giorno o l'altro, quel cane maledetto ucciderà Buck, lo giuro."
« Ce Buck a deux démons en lui », répondit François en hochant la tête.
«Quel Buck ha due diavoli dentro di sé», rispose François annuendo.
« Quand je regarde Buck, je sais que quelque chose de féroce l'attend. »
"Quando osservo Buck, so che dentro di lui si cela qualcosa di feroce."

« Un jour, il deviendra fou comme le feu et mettra Spitz en pièces. »
"Un giorno, si infurierà come il fuoco e farà a pezzi Spitz."
« Il va mâcher ce chien et le recracher sur la neige gelée. »
"Masticherà quel cane e lo sputerà sulla neve ghiacciata."
« Bien sûr que non, je le sais au plus profond de moi. »
"Certo, lo so fin nel profondo."

À partir de ce moment-là, les deux chiens étaient engagés dans une guerre.

Da quel momento in poi, i due cani furono in guerra tra loro.

Spitz a dirigé l'équipe et a conservé le pouvoir, mais Buck a contesté cela.

Spitz guidava la squadra e deteneva il potere, ma Buck lo sfidava.

Spitz a vu son rang menacé par cet étrange étranger du Sud.

Spitz si rese conto che il suo rango era minacciato da questo strano straniero del Sud.

Buck ne ressemblait à aucun autre chien du sud que Spitz avait connu auparavant.

Buck era diverso da tutti i cani del sud che Spitz aveva conosciuto fino ad allora.

La plupart d'entre eux ont échoué, trop faibles pour survivre au froid et à la faim.

La maggior parte di loro fallì: troppo deboli per sopravvivere al freddo e alla fame.

Ils sont morts rapidement à cause du travail, du gel et de la lenteur de la famine.

Morirono rapidamente a causa del lavoro, del gelo e del lento bruciare della carestia.

Buck se démarquait : plus fort, plus intelligent et plus sauvage chaque jour.

Buck si distingueva: ogni giorno più forte, più intelligente e più selvaggio.

Il a prospéré dans les difficultés, grandissant jusqu'à égaler les huskies du Nord.

Ha prosperato nonostante le difficoltà, crescendo al pari degli husky del nord.

Buck avait de la force, une habileté sauvage et un instinct patient et mortel.
Buck era dotato di forza, abilità straordinaria e un istinto paziente e letale.
L'homme avec la massue avait fait perdre à Buck toute témérité.
L'uomo con la mazza aveva annientato Buck per fargli perdere la temerarietà.
La fureur aveugle avait disparu, remplacée par une ruse silencieuse et un contrôle.
La furia cieca se n'era andata, sostituita da un'astuzia silenziosa e dal controllo.
Il attendait, calme et primitif, guettant le bon moment.
Attese, calmo e primordiale, in attesa del momento giusto.
Leur lutte pour le commandement est devenue inévitable et claire.
La loro lotta per il comando divenne inevitabile e chiara.
Buck désirait être un leader parce que son esprit l'exigeait.
Buck desiderava la leadership perché il suo spirito la richiedeva.
Il était poussé par l'étrange fierté née du sentier et du harnais.
Era spinto da quello strano orgoglio che nasceva dal sentiero e dall'imbracatura.
Cette fierté a poussé les chiens à tirer jusqu'à ce qu'ils s'effondrent sur la neige.
Quell'orgoglio faceva sì che i cani tirassero fino a crollare sulla neve.
L'orgueil les a poussés à donner toute la force qu'ils avaient.
L'orgoglio li spinse a dare tutta la forza che avevano.
L'orgueil peut attirer un chien de traîneau jusqu'à la mort.
L'orgoglio può trascinare un cane da slitta fino al punto di ucciderlo.
La perte du harnais a laissé les chiens brisés et sans but.
Perdere l'imbracatura rendeva i cani deboli e senza scopo.
Le cœur d'un chien de traîneau peut être brisé par la honte lorsqu'il prend sa retraite.

Il cuore di un cane da slitta può essere spezzato dalla vergogna quando va in pensione.

Dave vivait avec cette fierté alors qu'il tirait le traîneau par derrière.

Dave viveva con questo orgoglio mentre trascinava la slitta da dietro.

Solleks, lui aussi, a tout donné avec une force et une loyauté redoutables.

Anche Solleks diede il massimo con cupa forza e lealtà.

Chaque matin, l'orgueil les faisait passer de l'amertume à la détermination.

Ogni mattina l'orgoglio li trasformava da amareggiati a determinati.

Ils ont poussé toute la journée, puis sont restés silencieux à la fin du camp.

Spinsero per tutto il giorno, poi tacquero una volta giunti alla fine dell'accampamento.

Cette fierté a donné à Spitz la force de battre les tire-au-flanc.

Quell'orgoglio diede a Spitz la forza di mettere in riga i fannulloni.

Spitz craignait Buck parce que Buck portait cette même fierté profonde.

Spitz temeva Buck perché Buck nutriva lo stesso profondo orgoglio.

L'orgueil de Buck s'est alors retourné contre Spitz, et il ne s'est pas arrêté.

L'orgoglio di Buck ora si agitò contro Spitz, ma lui non si fermò.

Buck a défié le pouvoir de Spitz et l'a empêché de punir les chiens.

Buck sfidò il potere di Spitz e gli impedì di punire i cani.

Lorsque les autres échouaient, Buck s'interposait entre eux et leur chef.

Quando gli altri fallivano, Buck si frapponeva tra loro e il loro capo.

Il l'a fait intentionnellement, en rendant son défi ouvert et clair.
Lo fece con intenzione, rendendo la sua sfida aperta e chiara.
Une nuit, une forte neige a recouvert le monde d'un profond silence.
Una notte una forte nevicata coprì il mondo in un profondo silenzio.
Le lendemain matin, Pike, paresseux comme toujours, ne se leva pas pour aller travailler.
La mattina dopo, Pike, pigro come sempre, non si alzò per andare al lavoro.
Il est resté caché dans son nid sous une épaisse couche de neige.
Rimase nascosto nel suo nido sotto uno spesso strato di neve.
François a appelé et cherché, mais n'a pas pu trouver le chien.
François gridò e cercò, ma non riuscì a trovare il cane.
Spitz devint furieux et se précipita à travers le camp couvert de neige.
Spitz si infuriò e si scagliò contro l'accampamento coperto di neve.
Il grogna et renifla, creusant frénétiquement avec des yeux flamboyants.
Ringhiò e annusò, scavando freneticamente con gli occhi fiammeggianti.
Sa rage était si féroce que Pike tremblait sous la neige de peur.
La sua rabbia era così violenta che Pike tremava sotto la neve per la paura.
Lorsque Pike fut finalement retrouvé, Spitz se précipita pour punir le chien qui se cachait.
Quando finalmente Pike fu trovato, Spitz si lanciò per punire il cane nascosto.
Mais Buck s'est précipité entre eux avec une fureur égale à celle de Spitz.
Ma Buck si scagliò tra loro con una furia pari a quella di Spitz.
L'attaque fut si soudaine et intelligente que Spitz tomba.

L'attacco fu così improvviso e astuto che Spitz cadde a terra.
Pike, qui tremblait, puisa du courage dans ce défi.
Pike, che tremava, trasse coraggio da questa sfida.
Il sauta sur le Spitz tombé, suivant l'exemple audacieux de Buck.
Seguendo l'audace esempio di Buck, saltò sullo Spitz caduto.
Buck, n'étant plus tenu par l'équité, a rejoint la grève contre Spitz.
Buck, non più vincolato dall'equità, si unì allo sciopero di Spitz.
François, amusé mais ferme dans sa discipline, balançait son lourd fouet.
François, divertito ma fermo nella disciplina, agitò la sua pesante frusta.
Il frappa Buck de toutes ses forces pour mettre fin au combat.
Colpì Buck con tutta la sua forza per interrompere la rissa.
Buck a refusé de bouger et est resté au sommet du chef tombé.
Buck si rifiutò di muoversi e rimase in groppa al capo caduto.
François a ensuite utilisé le manche du fouet, frappant Buck durement.
François allora usò il manico della frusta e colpì Buck con violenza.
Titubant sous le coup, Buck recula sous l'assaut.
Barcollando per il colpo, Buck cadde all'indietro sotto l'assalto.
François frappait encore et encore tandis que Spitz punissait Pike.
François colpì più volte mentre Spitz puniva Pike.

Les jours passèrent et Dawson City se rapprocha de plus en plus.
Passarono i giorni e Dawson City si avvicinava sempre di più.
Buck n'arrêtait pas d'intervenir, se glissant entre le Spitz et les autres chiens.
Buck continuava a intromettersi, infilandosi tra Spitz e gli altri cani.

Il choisissait bien ses moments, attendant toujours que François parte.
Sceglieva bene i suoi momenti, aspettando sempre che François se ne andasse.
La rébellion silencieuse de Buck s'est propagée et le désordre a pris racine dans l'équipe.
La ribellione silenziosa di Buck si diffuse e il disordine prese piede nella squadra.
Dave et Solleks sont restés fidèles, mais d'autres sont devenus indisciplinés.
Dave e Solleks rimasero leali, ma altri diventarono indisciplinati.
L'équipe est devenue de plus en plus agitée, querelleuse et hors de propos.
La squadra peggiorò: divenne irrequieta, litigiosa e fuori luogo.
Plus rien ne fonctionnait correctement et les bagarres devenaient courantes.
Ormai niente filava liscio e le liti diventavano all'ordine del giorno.
Buck est resté au cœur des troubles, provoquant toujours des troubles.
Buck rimase sempre al centro dei guai, provocando disordini.
François restait vigilant, effrayé par le combat entre Buck et Spitz.
François rimase vigile, temendo la lotta tra Buck e Spitz.
Chaque nuit, des bagarres le réveillaient, craignant que le commencement n'arrive enfin.
Ogni notte veniva svegliato da zuffe e temeva che finalmente fosse arrivato l'inizio.
Il sauta de sa robe, prêt à mettre fin au combat.
Balzò fuori dalla veste, pronto a interrompere la rissa.
Mais le moment n'arriva jamais et ils atteignirent finalement Dawson.
Ma il momento non arrivò mai e alla fine raggiunsero Dawson.

L'équipe est entrée dans la ville un après-midi sombre, tendu et calme.
La squadra entrò in città in un pomeriggio cupo, teso e silenzioso.
La grande bataille pour le leadership était encore en suspens dans l'air glacial.
La grande battaglia per la leadership era ancora sospesa nell'aria gelida.
Dawson était rempli d'hommes et de chiens de traîneau, tous occupés à travailler.
Dawson era piena di uomini e cani da slitta, tutti impegnati nel lavoro.
Buck regardait les chiens tirer des charges du matin au soir.
Buck osservava i cani trainare i carichi dalla mattina alla sera.
Ils transportaient des bûches et du bois de chauffage et acheminaient des fournitures vers les mines.
Trasportavano tronchi e legna da ardere e spedivano rifornimenti alle miniere.
Là où les chevaux travaillaient autrefois dans le Southland, les chiens travaillent désormais.
Nel Southland, dove un tempo lavoravano i cavalli, ora lavoravano i cani.
Buck a vu quelques chiens du Sud, mais la plupart étaient des huskies ressemblant à des loups.
Buck vide alcuni cani provenienti dal Sud, ma la maggior parte erano husky simili a lupi.
La nuit, comme une horloge, les chiens élevaient la voix pour chanter.
Di notte, puntuali come un orologio, i cani alzavano la voce e cantavano.
À neuf heures, à minuit et à nouveau à trois heures, les chants ont commencé.
Alle nove, a mezzanotte e di nuovo alle tre, il canto cominciò.
Buck aimait se joindre à leur chant étrange, au son sauvage et ancien.
Buck amava unirsi al loro canto inquietante, selvaggio e antico nel suono.

Les aurores boréales flamboyaient, les étoiles dansaient et la neige recouvrait le pays.
L'aurora fiammeggiava, le stelle danzavano e la neve ricopriva la terra.
Le chant des chiens s'éleva comme un cri contre le silence et le froid glacial.
Il canto dei cani si elevava come un grido contro il silenzio e il freddo pungente.
Mais leur hurlement contenait de la tristesse, et non du défi, dans chaque longue note.
Ma il loro urlo esprimeva tristezza, non sfida, in ogni lunga nota.
Chaque cri plaintif était plein de supplications, le fardeau de la vie elle-même.
Ogni lamento era pieno di supplica: il peso stesso della vita.
Cette chanson était vieille, plus vieille que les villes et plus vieille que les incendies.
Quella canzone era vecchia, più vecchia delle città e più vecchia degli incendi
Cette chanson était encore plus ancienne que les voix des hommes.
Quel canto era più antico perfino delle voci degli uomini.
C'était une chanson du monde des jeunes, quand toutes les chansons étaient tristes.
Era una canzone del mondo dei giovani, quando tutte le canzoni erano tristi.
La chanson portait la tristesse d'innombrables générations de chiens.
La canzone porta con sé il dolore di innumerevoli generazioni di cani.
Buck ressentait profondément la mélodie, gémissant de douleur enracinée dans les âges.
Buck percepì profondamente la melodia, gemendo per un dolore radicato nei secoli.
Il sanglotait d'un chagrin aussi vieux que le sang sauvage dans ses veines.

Singhiozzava per un dolore antico quanto il sangue selvaggio nelle sue vene.

Le froid, l'obscurité et le mystère ont touché l'âme de Buck.
Il freddo, l'oscurità e il mistero toccarono l'anima di Buck.

Cette chanson prouvait à quel point Buck était revenu à ses origines.
Quella canzone dimostrava quanto Buck fosse tornato alle sue origini.

À travers la neige et les hurlements, il avait trouvé le début de sa propre vie.
Tra la neve e gli ululati aveva trovato l'inizio della sua vita.

Sept jours après leur arrivée à Dawson, ils repartent.
Sette giorni dopo l'arrivo a Dawson, ripartirono.

L'équipe est descendue de la caserne jusqu'au sentier du Yukon.
La squadra si è lanciata dalla caserma fino allo Yukon Trail.

Ils ont commencé le voyage de retour vers Dyea et Salt Water.
Iniziarono il viaggio di ritorno verso Dyea e Salt Water.

Perrault portait des dépêches encore plus urgentes qu'auparavant.
Perrault trasmise dispacci ancora più urgenti di prima.

Il était également saisi par la fierté du sentier et avait pour objectif d'établir un record.
Era anche preso dall'orgoglio per la corsa e puntava a stabilire un record.

Cette fois, plusieurs avantages étaient du côté de Perrault.
Questa volta Perrault aveva diversi vantaggi.

Les chiens s'étaient reposés pendant une semaine entière et avaient repris des forces.
I cani avevano riposato per un'intera settimana e avevano ripreso le forze.

Le sentier qu'ils avaient ouvert était maintenant damé par d'autres.
La pista che avevano tracciato era ora battuta da altri.

À certains endroits, la police avait stocké de la nourriture pour les chiens et les hommes.
In alcuni punti la polizia aveva immagazzinato cibo sia per i cani che per gli uomini.
Perrault voyageait léger, se déplaçait rapidement et n'avait pas grand-chose pour l'alourdir.
Perrault viaggiava leggero, si muoveva velocemente e aveva poco a cui aggrapparsi.
Ils ont atteint Sixty-Mile, une course de cinquante milles, dès la première nuit.
La prima sera raggiunsero la Sixty-Mile, una corsa lunga 50 miglia.
Le deuxième jour, ils se sont précipités sur le Yukon en direction de Pelly.
Il secondo giorno risalirono rapidamente lo Yukon in direzione di Pelly.
Mais ces beaux progrès ont été accompagnés de beaucoup de difficultés pour François.
Ma questi grandi progressi comportarono anche molta fatica per François.
La rébellion silencieuse de Buck avait brisé la discipline de l'équipe.
La ribellione silenziosa di Buck aveva infranto la disciplina della squadra.
Ils ne se rassemblaient plus comme une seule bête dans les rênes.
Non si univano più come un'unica bestia al comando.
Buck avait conduit d'autres personnes à la défiance par son exemple audacieux.
Buck aveva spinto altri alla sfida con il suo coraggioso esempio.
L'ordre de Spitz n'a plus été accueilli avec crainte ou respect.
L'ordine di Spitz non veniva più accolto con timore o rispetto.
Les autres ont perdu leur respect pour lui et ont osé résister à son règne.
Gli altri persero ogni timore reverenziale nei suoi confronti e osarono opporsi al suo governo.

Une nuit, Pike a volé la moitié d'un poisson et l'a mangé sous les yeux de Buck.
Una notte, Pike rubò mezzo pesce e lo mangiò sotto gli occhi di Buck.

Une autre nuit, Dub et Joe se sont battus contre Spitz et sont restés impunis.
Un'altra notte, Dub e Joe combatterono contro Spitz e rimasero impuniti.

Même Billee gémissait moins doucement et montrait une nouvelle vivacité.
Anche Billee gemette meno dolcemente e mostrò una nuova acutezza.

Buck grognait sur Spitz à chaque fois qu'ils se croisaient.
Buck ringhiava a Spitz ogni volta che si incrociavano.

L'attitude de Buck devint audacieuse et menaçante, presque comme celle d'un tyran.
L'atteggiamento di Buck divenne audace e minaccioso, quasi come quello di un bullo.

Il marchait devant Spitz avec une démarche assurée, pleine de menace moqueuse.
Camminava avanti e indietro davanti a Spitz con un'andatura spavalda e piena di minaccia beffarda.

Cet effondrement de l'ordre s'est également propagé parmi les chiens de traîneau.
Questo crollo dell'ordine si diffuse anche tra i cani da slitta.

Ils se battaient et se disputaient plus que jamais, remplissant le camp de bruit.
Litigarono e discussero più che mai, riempiendo l'accampamento di rumore.

La vie au camp se transformait chaque nuit en un chaos sauvage et hurlant.
Ogni notte la vita nel campeggio si trasformava in un caos selvaggio e ululante.

Seuls Dave et Solleks sont restés stables et concentrés.
Solo Dave e Solleks rimasero fermi e concentrati.

Mais même eux sont devenus colériques à cause des bagarres incessantes.

Ma anche loro diventarono irascibili a causa delle continue risse.

François jurait dans des langues étranges et piétinait de frustration.
François imprecò in lingue strane e batté i piedi per la frustrazione.

Il s'arrachait les cheveux et criait tandis que la neige volait sous ses pieds.
Si strappò i capelli e urlò mentre la neve gli volava sotto i piedi.

Son fouet claqua sur le groupe, mais parvint à peine à les maintenir en ligne.
La sua frusta schioccò contro il gruppo, ma a malapena riuscì a tenerli in riga.

Chaque fois qu'il tournait le dos, les combats reprenaient.
Ogni volta che voltava le spalle, la lotta ricominciava.

François a utilisé le fouet pour Spitz, tandis que Buck a dirigé les rebelles.
François usò la frusta per Spitz, mentre Buck guidava i ribelli.

Chacun connaissait le rôle de l'autre, mais Buck évitait tout blâme.
Ognuno conosceva il ruolo dell'altro, ma Buck evitava di addossare ogni colpa.

François n'a jamais surpris Buck en train de provoquer une bagarre ou de se dérober à son travail.
François non ha mai colto Buck mentre iniziava una rissa o si sottraeva al suo lavoro.

Buck travaillait dur sous le harnais – le travail lui faisait désormais vibrer l'esprit.
Buck lavorava duramente ai finimenti: la fatica ora gli dava entusiasmo.

Mais il trouvait encore plus de joie à provoquer des bagarres et du chaos dans le camp.
Ma trovava ancora più gioia nel fomentare risse e caos nell'accampamento.

Un soir, à l'embouchure du Tahkeena, Dub fit sursauter un lapin.
Una sera, alla foce del Tahkeena, Dub spaventò un coniglio.
Il a raté la prise et le lièvre d'Amérique s'est enfui.
Mancò la presa e il coniglio con la racchetta da neve balzò via.
En quelques secondes, toute l'équipe de traîneau s'est lancée à sa poursuite en poussant des cris sauvages.
Nel giro di pochi secondi, l'intera squadra di slitte si lanciò all'inseguimento, gridando a squarciagola.
À proximité, un camp de la police du Nord-Ouest abritait une cinquantaine de chiens huskys.
Nelle vicinanze, un accampamento della polizia del nord-ovest ospitava cinquanta cani husky.
Ils se sont joints à la chasse, descendant ensemble la rivière gelée.
Si unirono alla caccia, scendendo insieme il fiume ghiacciato.
Le lapin a quitté la rivière et s'est enfui dans le lit d'un ruisseau gelé.
Il coniglio lasciò il fiume e fuggì lungo il letto ghiacciato di un ruscello.
Le lapin sautait légèrement sur la neige tandis que les chiens peinaient à se frayer un chemin.
Il coniglio saltellava leggero sulla neve mentre i cani si facevano strada a fatica.
Buck menait l'énorme meute de soixante chiens dans chaque virage sinueux.
Buck guidava l'enorme branco di sessanta cani attorno a ogni curva tortuosa.
Il avança, bas et impatient, mais ne put gagner du terrain.
Si spinse in avanti, basso e impaziente, ma non riuscì a guadagnare terreno.
Son corps brillait sous la lune pâle à chaque saut puissant.
Il suo corpo brillava sotto la pallida luna a ogni potente balzo.
Devant, le lapin se déplaçait comme un fantôme, silencieux et trop rapide pour être attrapé.
Davanti a loro, il coniglio si muoveva come un fantasma, silenzioso e troppo veloce per essere catturato.

Tous ces vieux instincts – la faim, le frisson – envahirent Buck.
Tutti quei vecchi istinti, la fame, l'eccitazione, attraversarono Buck.
Les humains ressentent parfois cet instinct et sont poussés à chasser avec une arme à feu et des balles.
A volte gli esseri umani avvertono questo istinto e sono spinti a cacciare con armi da fuoco e proiettili.
Mais Buck ressentait ce sentiment à un niveau plus profond et plus personnel.
Ma Buck provava questa sensazione a un livello più profondo e personale.
Ils ne pouvaient pas ressentir la nature sauvage dans leur sang comme Buck pouvait la ressentir.
Non riuscivano a percepire la natura selvaggia nel loro sangue come Buck.
Il chassait la viande vivante, prêt à tuer avec ses dents et à goûter le sang.
Inseguiva la carne viva, pronto a uccidere con i denti e ad assaggiare il sangue.
Son corps se tendait de joie, voulant se baigner dans la vie rouge et chaude.
Il suo corpo si tendeva per la gioia, desiderando immergersi nel caldo rosso della vita.
Une joie étrange marque le point le plus élevé que la vie puisse atteindre.
Una strana gioia segna il punto più alto che la vita possa mai raggiungere.
La sensation d'un pic où les vivants oublient même qu'ils sont en vie.
La sensazione di raggiungere un picco in cui i vivi dimenticano di essere vivi.
Cette joie profonde touche l'artiste perdu dans une inspiration fulgurante.
Questa gioia profonda tocca l'artista immerso in un'ispirazione ardente.

Cette joie saisit le soldat qui se bat avec acharnement et n'épargne aucun ennemi.
Questa gioia afferra il soldato che combatte selvaggiamente e non risparmia alcun nemico.
Cette joie s'empara alors de Buck alors qu'il menait la meute dans une faim primitive.
Questa gioia ora colpì Buck mentre guidava il branco in preda alla fame primordiale.
Il hurla avec le cri ancien du loup, ravi par la chasse vivante.
Ululò con l'antico grido del lupo, emozionato per l'inseguimento.
Buck a puisé dans la partie la plus ancienne de lui-même, perdue dans la nature.
Buck fece appello alla parte più antica di sé, persa nella natura selvaggia.
Il a puisé au plus profond de lui-même, au-delà de la mémoire, dans le temps brut et ancien.
Scavò in profondità dentro di sé, oltre la memoria, fino al tempo grezzo e antico.
Une vague de vie pure a traversé chaque muscle et chaque tendon.
Un'ondata di vita pura pervase ogni muscolo e tendine.
Chaque saut criait qu'il vivait, qu'il traversait la mort.
Ogni salto gridava che viveva, che attraversava la morte.
Son corps s'élevait joyeusement au-dessus d'une terre calme et froide qui ne bougeait jamais.
Il suo corpo si librava gioioso su una terra immobile e fredda che non si muoveva mai.
Spitz est resté froid et rusé, même dans ses moments les plus fous.
Spitz rimase freddo e astuto anche nei suoi momenti più selvaggi.
Il quitta le sentier et traversa un terrain où le ruisseau formait une large courbe.
Lasciò il sentiero e attraversò un terreno dove il torrente formava una curva ampia.

Buck, inconscient de cela, resta sur le chemin sinueux du lapin.
Buck, ignaro di ciò, rimase sul sentiero tortuoso del coniglio.
Puis, alors que Buck tournait un virage, le lapin fantomatique était devant lui.
Poi, mentre Buck svoltava dietro una curva, il coniglio spettrale si trovò davanti a lui.
Il vit une deuxième silhouette sauter de la berge devant la proie.
Vide una seconda figura balzare dalla riva precedendo la preda.
La silhouette était celle d'un Spitz, atterrissant juste sur le chemin du lapin en fuite.
La figura era Spitz, atterrato proprio sulla traiettoria del coniglio in fuga.
Le lapin ne pouvait pas se retourner et a rencontré les mâchoires de Spitz en plein vol.
Il coniglio non riuscì a girarsi e incontrò le fauci di Spitz a mezz'aria.
La colonne vertébrale du lapin se brisa avec un cri aussi aigu que le cri d'un humain mourant.
La spina dorsale del coniglio si spezzò con un grido acuto come il grido di un essere umano morente.
À ce bruit – la chute de la vie à la mort – la meute hurla fort.
A quel suono, il passaggio dalla vita alla morte, il branco ululò forte.
Un chœur sauvage s'éleva derrière Buck, plein de joie sombre.
Un coro selvaggio si levò da dietro Buck, pieno di oscura gioia.
Buck n'a émis aucun cri, aucun son, et a chargé directement Spitz.
Buck non emise alcun grido, nessun suono e si lanciò dritto verso Spitz.
Il a visé la gorge, mais a touché l'épaule à la place.
Mirò alla gola, ma colpì invece la spalla.

Ils dégringolèrent dans la neige molle, leurs corps bloqués dans le combat.
Caddero nella neve soffice, i loro corpi erano intrappolati in un combattimento.
Spitz se releva rapidement, comme s'il n'avait jamais été renversé.
Spitz balzò in piedi rapidamente, come se non fosse mai stato atterrato.
Il a entaillé l'épaule de Buck, puis s'est éloigné du combat.
Colpì Buck alla spalla e poi balzò fuori dalla mischia.
À deux reprises, ses dents claquèrent comme des pièges en acier, ses lèvres se retroussèrent et devinrent féroces.
Per due volte i suoi denti schioccarono come trappole d'acciaio, e le sue labbra si arricciarono e si fecero feroci.
Il recula lentement, cherchant un sol ferme sous ses pieds.
Arretrò lentamente, cercando un terreno solido sotto i piedi.
Buck a compris le moment instantanément et pleinement.
Buck comprese il momento all'istante e pienamente.
Le moment était venu ; le combat allait être un combat à mort.
Il momento era giunto: la lotta sarebbe stata una lotta all'ultimo sangue.
Les deux chiens tournaient en rond, grognant, les oreilles plates, les yeux plissés.
I due cani giravano in cerchio, ringhiando, con le orecchie piatte e gli occhi socchiusi.
Chaque chien attendait que l'autre montre une faiblesse ou fasse un faux pas.
Ogni cane aspettava che l'altro mostrasse debolezza o facesse un passo falso.
Pour Buck, la scène semblait étrangement connue et profondément ancrée dans ses souvenirs.
Buck percepiva quella scena come stranamente nota e profondamente ricordata.
Les bois blancs, la terre froide, la bataille au clair de lune.
I boschi bianchi, la terra fredda, la battaglia al chiaro di luna.

Un silence pesant emplissait le pays, profond et contre nature.
Un silenzio pesante, profondo e innaturale riempiva la terra.
Aucun vent ne soufflait, aucune feuille ne bougeait, aucun bruit ne brisait le silence.
Nessun vento si alzava, nessuna foglia si muoveva, nessun suono rompeva il silenzio.
Le souffle des chiens s'élevait comme de la fumée dans l'air glacial et calme.
Il respiro dei cani si levava come fumo nell'aria gelida e silenziosa.
Le lapin a été depuis longtemps oublié par la meute de bêtes sauvages.
Il coniglio era stato dimenticato da tempo dal branco di animali selvatici.
Ces loups à moitié apprivoisés se tenaient maintenant immobiles dans un large cercle.
Questi lupi semiaddomesticati ora stavano fermi in un ampio cerchio.
Ils étaient silencieux, seuls leurs yeux brillants révélaient leur faim.
Erano silenziosi, solo i loro occhi luminosi rivelavano la loro fame.
Leur souffle s'éleva, regardant le combat final commencer.
Il loro respiro saliva, mentre osservavano l'inizio dello scontro finale.
Pour Buck, cette bataille était ancienne et attendue, pas du tout étrange.
Per Buck questa battaglia era vecchia e attesa, per niente strana.
C'était comme un souvenir de quelque chose qui devait arriver depuis toujours.
Era come il ricordo di qualcosa che doveva accadere da sempre.
Le Spitz était un chien de combat entraîné, affiné par d'innombrables bagarres sauvages.

Spitz era un cane da combattimento addestrato, affinato da innumerevoli risse selvagge.
Du Spitzberg au Canada, il a vaincu de nombreux ennemis.
Dallo Spitzbergen al Canada, aveva sconfitto molti nemici.
Il était rempli de fureur, mais n'a jamais cédé au contrôle de la rage.
Era pieno di rabbia, ma non cedette mai il controllo alla rabbia.
Sa passion était vive, mais toujours tempérée par un instinct dur.
La sua passione era acuta, ma sempre temperata dal duro istinto.
Il n'a jamais attaqué jusqu'à ce que sa propre défense soit en place.
Non ha mai attaccato finché non ha avuto la sua difesa pronta.
Buck a essayé encore et encore d'atteindre le cou vulnérable de Spitz.
Buck provò più volte a raggiungere il collo vulnerabile di Spitz.
Mais chaque coup était accueilli par un coup des dents acérées de Spitz.
Ma ogni colpo veniva accolto da un fendente dei denti affilati di Spitz.
Leurs crocs se sont heurtés et les deux chiens ont saigné de leurs lèvres déchirées.
Le loro zanne si scontrarono ed entrambi i cani sanguinarono dalle labbra lacerate.
Peu importe comment Buck s'est lancé, il n'a pas pu briser la défense.
Nonostante i suoi sforzi, Buck non riusciva a rompere la difesa.
Il devint de plus en plus furieux, se précipitant avec des explosions de puissance sauvages.
Divenne sempre più furioso e si lanciò verso di lui con violente esplosioni di potenza.
À maintes reprises, Buck frappait la gorge blanche du Spitz.
Buck colpì ripetutamente la bianca gola di Spitz.

À chaque fois, Spitz esquivait et riposta avec une morsure tranchante.
Ogni volta Spitz schivava e contrattaccava con un morso tagliente.
Buck changea alors de tactique, se précipitant à nouveau comme pour atteindre la gorge.
Poi Buck cambiò tattica, avventandosi di nuovo come se volesse colpirlo alla gola.
Mais il s'est retiré au milieu de l'attaque, se tournant pour frapper sur le côté.
Ma a metà attacco si è ritirato, girandosi per colpire di lato.
Il a lancé son épaule sur Spitz, dans le but de le faire tomber.
Colpì Spitz con una spallata, con l'intento di buttarlo a terra.
À chaque fois qu'il essayait, Spitz esquivait et ripostait avec une frappe.
Ogni volta che ci provava, Spitz lo schivava e rispondeva con un fendente.
L'épaule de Buck était à vif alors que Spitz s'écartait après chaque coup.
La spalla di Buck si faceva scorticare mentre Spitz si liberava dopo ogni colpo.
Spitz n'avait pas été touché, tandis que Buck saignait de nombreuses blessures.
Spitz non era stato toccato, mentre Buck sanguinava dalle numerose ferite.
La respiration de Buck était rapide et lourde, son corps était couvert de sang.
Il respiro di Buck era affannoso e pesante, il suo corpo era viscido di sangue.
Le combat devenait plus brutal à chaque morsure et à chaque charge.
La lotta diventava più brutale a ogni morso e carica.
Autour d'eux, soixante chiens silencieux attendaient le premier à tomber.
Attorno a loro, sessanta cani silenziosi aspettavano che il primo cadesse.
Si un chien tombait, la meute allait mettre fin au combat.

Se un cane fosse caduto, il branco avrebbe posto fine alla lotta.
Spitz vit Buck faiblir et commença à attaquer.
Spitz vide Buck indebolirsi e cominciò ad attaccare.
Il a maintenu Buck en déséquilibre, le forçant à lutter pour garder pied.
Mantenne Buck sbilanciato, costringendolo a lottare per restare in piedi.
Un jour, Buck trébucha et tomba, et tous les chiens se relevèrent.
Una volta Buck inciampò e cadde, e tutti i cani si rialzarono.
Mais Buck s'est redressé au milieu de sa chute, et tout le monde s'est affalé.
Ma Buck si raddrizzò a metà caduta e tutti ricaddero.
Buck avait quelque chose de rare : une imagination née d'un instinct profond.
Buck aveva qualcosa di raro: un'immaginazione nata da un profondo istinto.
Il combattait par instinct naturel, mais aussi par ruse.
Combatté per istinto naturale, ma combatté anche con astuzia.
Il chargea à nouveau comme s'il répétait son tour d'attaque à l'épaule.
Tornò ad attaccare come se volesse ripetere il trucco dell'attacco alla spalla.
Mais à la dernière seconde, il s'est laissé tomber et a balayé Spitz.
Ma all'ultimo secondo si abbassò e passò sotto Spitz.
Ses dents se sont bloquées sur la patte avant gauche de Spitz avec un claquement.
I suoi denti si bloccarono sulla zampa anteriore sinistra di Spitz con uno schiocco.
Spitz était maintenant instable, son poids reposant sur seulement trois pattes.
Spitz ora era instabile e il suo peso gravava solo su tre zampe.
Buck frappa à nouveau, essaya trois fois de le faire tomber.
Buck colpì di nuovo e tentò tre volte di atterrarlo.
À la quatrième tentative, il a utilisé le même mouvement avec succès.

Al quarto tentativo ha usato la stessa mossa con successo
Cette fois, Buck a réussi à mordre la jambe droite du Spitz.
Questa volta Buck riuscì a mordere la zampa destra di Spitz.
Spitz, bien que paralysé et souffrant, continuait à lutter pour survivre.
Spitz, benché storpio e in agonia, continuò a lottare per sopravvivere.
Il vit le cercle de huskies se resserrer, la langue tirée, les yeux brillants.
Vide il cerchio degli husky stringersi, con le lingue fuori e gli occhi luminosi.
Ils attendaient de le dévorer, comme ils l'avaient fait pour les autres.
Aspettarono di divorarlo, proprio come avevano fatto con gli altri.
Cette fois, il se tenait au centre, vaincu et condamné.
Questa volta era lui al centro, sconfitto e condannato.
Le chien blanc n'avait désormais plus aucune possibilité de s'échapper.
Ormai il cane bianco non aveva più alcuna possibilità di fuga.
Buck n'a montré aucune pitié, car la pitié n'avait pas sa place dans la nature.
Buck non mostrò alcuna pietà, perché la pietà non era a posto nella natura selvaggia.
Buck se déplaçait prudemment, se préparant à la charge finale.
Buck si mosse con cautela, preparandosi per la carica finale.
Le cercle des huskies se referma ; il sentit leur souffle chaud.
Il cerchio degli husky si stringeva; lui sentiva i loro respiri caldi.
Ils s'accroupirent, prêts à bondir lorsque le moment viendrait.
Si accovacciarono, pronti a scattare quando fosse giunto il momento.
Spitz tremblait dans la neige, grognant et changeant de position.
Spitz tremava nella neve, ringhiando e cambiando posizione.

Ses yeux brillaient, ses lèvres se courbaient, ses dents brillaient dans une menace désespérée.
I suoi occhi brillavano, le labbra si arricciavano, i denti brillavano in un'espressione disperata e minacciosa.
Il tituba, essayant toujours de résister à la morsure froide de la mort.
Barcollò, cercando ancora di resistere al freddo morso della morte.
Il avait déjà vu cela auparavant, mais toujours du côté des gagnants.
Aveva già visto situazioni simili, ma sempre dalla parte dei vincitori.
Il était désormais du côté des perdants, des vaincus, de la proie, de la mort.
Ora era dalla parte perdente; lo sconfitto; la preda; la morte.
Buck tourna en rond pour porter le coup final, le cercle de chiens se rapprochant.
Buck si preparò al colpo finale, mentre il cerchio dei cani si faceva sempre più stretto.
Il pouvait sentir leur souffle chaud, prêt à tuer.
Poteva sentire i loro respiri caldi; erano pronti a uccidere.
Un silence s'installa ; tout était à sa place ; le temps s'était arrêté.
Calò il silenzio; tutto era al suo posto; il tempo si era fermato.
Même l'air froid entre eux se figea un dernier instant.
Persino l'aria fredda tra loro si congelò per un ultimo istante.
Seul Spitz bougea, essayant de retenir sa fin amère.
Soltanto Spitz si mosse, cercando di trattenere la sua fine amara.
Le cercle des chiens se refermait autour de lui, comme l'était son destin.
Il cerchio dei cani si stava stringendo attorno a lui, come era suo destino.
Il était désespéré maintenant, sachant ce qui allait se passer.
Ora era disperato, sapendo cosa stava per accadere.
Buck bondit, épaule contre épaule une dernière fois.

Buck balzò dentro e la sua spalla incontrò la sua spalla per l'ultima volta.
Les chiens se sont précipités en avant, couvrant Spitz dans l'obscurité neigeuse.
I cani si lanciarono in avanti, nascondendo Spitz nell'oscurità della neve.
Buck regardait, debout, le vainqueur dans un monde sauvage.
Buck osservava, eretto e fiero; il vincitore in un mondo selvaggio.
La bête primordiale dominante avait fait sa proie, et c'était bien.
La bestia primordiale dominante aveva fatto la sua uccisione, e la aveva fatta bene.

Celui qui a gagné la maîtrise
Colui che ha conquistato la maestria

« Hein ? Qu'est-ce que j'ai dit ? Je dis vrai quand je dis que Buck est un démon. »
"Eh? Cosa ho detto? Dico la verità quando dico che Buck è un diavolo."
François a dit cela le lendemain matin après avoir constaté la disparition de Spitz.
François raccontò questo la mattina dopo aver scoperto la scomparsa di Spitz.
Buck se tenait là, couvert de blessures dues au combat acharné.
Buck rimase lì, coperto di ferite causate dal violento combattimento.
François tira Buck près du feu et lui montra les blessures.
François tirò Buck vicino al fuoco e indicò le ferite.
« Ce Spitz s'est battu comme le Devik », dit Perrault en observant les profondes entailles.
«Quello Spitz ha combattuto come il Devik», disse Perrault, osservando i profondi tagli.
« Et ce Buck s'est battu comme deux diables », répondit aussitôt François.
«E quel Buck si batteva come due diavoli», rispose subito François.
« Maintenant, nous allons faire du bon temps ; plus de Spitz, plus de problèmes. »
"Ora faremo buon passo; niente più Spitz, niente più guai."
Perrault préparait le matériel et chargeait le traîneau avec soin.
Perrault stava preparando l'attrezzatura e caricò la slitta con cura.
François a attelé les chiens en prévision de la course du jour.
François bardò i cani per prepararli alla corsa della giornata.
Buck a trotté directement vers la position de tête autrefois détenue par Spitz.

Buck trotterellò dritto verso la posizione di testa, precedentemente occupata da Spitz.

Mais François, sans s'en apercevoir, conduisit Solleks vers l'avant.

Ma François, senza accorgersene, condusse Solleks in prima linea.

Aux yeux de François, Solleks était désormais le meilleur chien de tête.

Secondo François, Solleks era ora il miglior cane da corsa.

Buck se jeta sur Solleks avec fureur et le repoussa en signe de protestation.

Buck si scagliò furioso contro Solleks e lo respinse indietro in segno di protesta.

Il se tenait là où Spitz s'était autrefois tenu, revendiquant la position de leader.

Si fermò dove un tempo si era fermato Spitz, rivendicando la posizione di comando.

« Hein ? Hein ? » s'écria François en se frappant les cuisses d'un air amusé.

"Eh? Eh?" esclamò François, dandosi una pacca sulle cosce divertito.

« Regardez Buck, il a tué Spitz, et maintenant il veut prendre le poste ! »

"Guarda Buck: ha ucciso Spitz, ora vuole prendersi il posto!"

« Va-t'en, Chook ! » cria-t-il, essayant de chasser Buck.

"Vattene via, Chook!" urlò, cercando di scacciare Buck.

Mais Buck refusa de bouger et resta ferme dans la neige.

Ma Buck si rifiutò di muoversi e rimase immobile nella neve.

François attrapa Buck par la peau du cou et le tira sur le côté.

François afferrò Buck per la collottola e lo trascinò da parte.

Buck grogna bas et menaçant mais n'attaqua pas.

Buck ringhiò basso e minaccioso, ma non attaccò.

François a remis Solleks en tête, tentant de régler le différend

François rimette Solleks in testa, cercando di risolvere la disputa

Le vieux chien avait peur de Buck et ne voulait pas rester.

Il vecchio cane mostrò paura di Buck e non voleva restare.
Quand François lui tourna le dos, Buck chassa à nouveau Solleks.
Quando François gli voltò le spalle, Buck scacciò di nuovo Solleks.
Solleks n'a pas résisté et s'est discrètement écarté une fois de plus.
Solleks non oppose resistenza e si fece di nuovo da parte in silenzio.
François s'est mis en colère et a crié : « Par Dieu, je te répare ! »
François si arrabbiò e urlò: "Per Dio, ti sistemo!"
Il s'approcha de Buck en tenant une lourde massue à la main.
Si avvicinò a Buck tenendo in mano una pesante mazza.
Buck se souvenait bien de l'homme au pull rouge.
Buck ricordava bene l'uomo con il maglione rosso.
Il recula lentement, observant François, mais grognant profondément.
Si ritirò lentamente, osservando François ma ringhiando profondamente.
Il ne s'est pas précipité en arrière, même lorsque Solleks s'est levé à sa place.
Non si affrettò a tornare indietro, nemmeno quando Solleks si mise al suo posto.
Buck tourna en rond juste hors de portée, grognant de fureur et de protestation.
Buck si girò in cerchio, appena fuori dalla sua portata, ringhiando furioso e protestando.
Il gardait les yeux fixés sur le gourdin, prêt à esquiver si François lançait.
Teneva gli occhi fissi sulla mazza, pronto a schivare il colpo se François l'avesse lanciata.
Il était devenu sage et prudent quant aux manières des hommes armés.
Era diventato saggio e cauto nei confronti degli uomini che maneggiavano le armi.

François abandonna et rappela Buck à son ancienne place.
François si arrese e chiamò di nuovo Buck al suo vecchio posto.
Mais Buck recula prudemment, refusant d'obéir à l'ordre.
Ma Buck fece un passo indietro con cautela, rifiutandosi di obbedire all'ordine.
François le suivit, mais Buck ne recula que de quelques pas supplémentaires.
François lo seguì, ma Buck indietreggiò solo di pochi passi.
Après un certain temps, François jeta l'arme par frustration.
Dopo un po' François gettò a terra l'arma, frustrato.
Il pensait que Buck craignait d'être battu et qu'il allait venir tranquillement.
Pensava che Buck avesse paura di essere picchiato e che avrebbe fatto lo stesso senza far rumore.
Mais Buck n'évitait pas la punition : il se battait pour son rang.
Ma Buck non stava evitando la punizione: stava lottando per ottenere un rango.
Il avait gagné la place de chien de tête grâce à un combat à mort.
Si era guadagnato il posto di capobranco combattendo fino alla morte
il n'allait pas se contenter de moins que d'être le leader.
non si sarebbe accontentato di niente di meno che di essere il leader.

Perrault a participé à la poursuite pour aider à attraper le Buck rebelle.
Perrault si unì all'inseguimento per aiutare a catturare il ribelle Buck.
Ensemble, ils l'ont fait courir dans le camp pendant près d'une heure.
Insieme lo portarono in giro per l'accampamento per quasi un'ora.
Ils lui lancèrent des coups de massue, mais Buck les esquiva habilement.

Gli scagliarono contro dei bastoni, ma Buck li schivò abilmente uno per uno.
Ils l'ont maudit, lui, ses ancêtres, ses descendants et chaque cheveu de sa personne.
Maledissero lui, i suoi antenati, i suoi discendenti e ogni suo capello.
Mais Buck se contenta de gronder en retour et resta hors de leur portée.
Ma Buck si limitò a ringhiare e a restare appena fuori dalla loro portata.
Il n'a jamais essayé de s'enfuir mais a délibérément tourné autour du camp.
Non cercò mai di scappare, ma continuò a girare intorno all'accampamento deliberatamente.
Il a clairement fait savoir qu'il obéirait une fois qu'ils lui auraient donné ce qu'il voulait.
Disse chiaramente che avrebbe obbedito una volta ottenuto ciò che voleva.
François s'est finalement assis et s'est gratté la tête avec frustration.
Alla fine François si sedette e si grattò la testa, frustrato.
Perrault consulta sa montre, jura et marmonna à propos du temps perdu.
Perrault controllò l'orologio, imprecò e borbottò qualcosa sul tempo perso.
Une heure s'était déjà écoulée alors qu'ils auraient dû être sur la piste.
Era già trascorsa un'ora, mentre avrebbero dovuto essere sulle tracce.
François haussa les épaules d'un air penaud en direction du coursier, qui soupira de défaite.
François alzò le spalle timidamente, guardando il corriere, che sospirò sconfitto.
François se dirigea alors vers Solleks et appela Buck une fois de plus.
Poi François si avvicinò a Solleks e chiamò ancora una volta Buck.

Buck rit comme rit un chien, mais garda une distance prudente.
Buck rise come ride un cane, ma mantenne una cauta distanza.
François retira le harnais de Solleks et le remit à sa place.
François tolse l'imbracatura a Solleks e lo rimise al suo posto.
L'équipe de traîneau était entièrement harnachée, avec seulement une place libre.
La squadra di slittini era completamente imbracata, con un solo posto libero.
La position de tête est restée vide, clairement destinée à Buck seul.
La posizione di comando rimase vuota, chiaramente riservata solo a Buck.
François appela à nouveau, et à nouveau Buck rit et tint bon.
François chiamò di nuovo e di nuovo Buck rise e mantenne la sua posizione.
« Jetez le gourdin », ordonna Perrault sans hésitation.
«Gettate giù la mazza», ordinò Perrault senza esitazione.
François obéit et Buck trotta immédiatement en avant, fièrement.
François obbedì e Buck si lanciò subito avanti con orgoglio.
Il rit triomphalement et prit la tête.
Rise trionfante e assunse la posizione di comando.
François a sécurisé ses traces et le traîneau a été détaché.
François fissò le corde e la slitta si staccò.
Les deux hommes couraient côte à côte tandis que l'équipe s'engageait sur le sentier de la rivière.
Entrambi gli uomini corsero fianco a fianco mentre la squadra si lanciava lungo il sentiero del fiume.
François avait une haute opinion des « deux diables » de Buck,
François aveva avuto una grande stima dei "due diavoli" di Buck,
mais il s'est vite rendu compte qu'il avait en fait sous-estimé le chien.
ma ben presto si rese conto di aver in realtà sottovalutato il cane.

Buck a rapidement pris le leadership et a fait preuve d'excellence.
Buck assunse rapidamente la leadership e si comportò in modo eccellente.
En termes de jugement, de réflexion rapide et d'action, Buck a surpassé Spitz.
Buck superò Spitz per capacità di giudizio, rapidità di pensiero e rapidità di azione.
François n'avait jamais vu un chien égal à celui que Buck présentait maintenant.
François non aveva mai visto un cane pari a quello che Buck mostrava ora.
Mais Buck excellait vraiment dans l'art de faire respecter l'ordre et d'imposer le respect.
Ma Buck eccelleva davvero nel far rispettare l'ordine e nel imporre rispetto.
Dave et Solleks ont accepté le changement sans inquiétude ni protestation.
Dave e Solleks accettarono il cambiamento senza preoccupazioni o proteste.
Ils se concentraient uniquement sur le travail et tiraient fort sur les rênes.
Si concentravano solo sul lavoro e tiravano forte le redini.
Peu leur importait de savoir qui menait, tant que le traîneau continuait d'avancer.
A loro importava poco chi guidasse, purché la slitta continuasse a muoversi.
Billee, la joyeuse, aurait pu diriger pour autant qu'ils s'en soucient.
Billee, quella allegra, avrebbe potuto comandare per quel che volevano.
Ce qui comptait pour eux, c'était la paix et l'ordre dans les rangs.
Ciò che contava per loro era la pace e l'ordine tra i ranghi.

Le reste de l'équipe était devenu indiscipliné pendant le déclin de Spitz.

Il resto della squadra era diventato indisciplinato durante il declino di Spitz.
Ils furent choqués lorsque Buck les ramena immédiatement à l'ordre.
Rimasero scioccati quando Buck li riportò immediatamente all'ordine.
Pike avait toujours été paresseux et traînait les pieds derrière Buck.
Pike era sempre stato pigro e aveva sempre tergiversato dietro a Buck.
Mais maintenant, il a été sévèrement discipliné par la nouvelle direction.
Ma ora è stato severamente disciplinato dalla nuova leadership.
Et il a rapidement appris à faire sa part dans l'équipe.
E imparò rapidamente a dare il suo contributo alla squadra.
À la fin de la journée, Pike avait travaillé plus dur que jamais.
Alla fine della giornata, Pike lavorò più duramente che mai.
Cette nuit-là, au camp, Joe, le chien aigri, fut finalement maîtrisé.
Quella notte all'accampamento, Joe, il cane scontroso, fu finalmente domato.
Spitz n'avait pas réussi à le discipliner, mais Buck n'avait pas échoué.
Spitz non era riuscito a disciplinarlo, ma Buck non aveva fallito.
Grâce à son poids plus important, Buck a vaincu Joe en quelques secondes.
Sfruttando il suo peso maggiore, Buck sopraffece Joe in pochi secondi.
Il a mordu et battu Joe jusqu'à ce qu'il gémisse et cesse de résister.
Morse e picchiò Joe finché questi non si mise a piagnucolare e smise di opporre resistenza.
Toute l'équipe s'est améliorée à partir de ce moment-là.
Da quel momento in poi l'intera squadra migliorò.

Les chiens ont retrouvé leur ancienne unité et leur discipline.
I cani ritrovarono la loro antica unità e disciplina.
À Rink Rapids, deux nouveaux huskies indigènes, Teek et Koona, nous ont rejoint.
A Rink Rapids si sono uniti al gruppo due nuovi husky autoctoni, Teek e Koona.
La rapidité avec laquelle Buck les dressa étonna même François.
La rapidità con cui Buck li addestramento stupì perfino François.
« Il n'y a jamais eu de chien comme ce Buck ! » s'écria-t-il avec stupéfaction.
"Non è mai esistito un cane come quel Buck!" esclamò stupito.
« Non, jamais ! Il vaut mille dollars, bon sang ! »
"No, mai! Vale mille dollari, per Dio!"
« Hein ? Qu'en dis-tu, Perrault ? » demanda-t-il avec fierté.
"Eh? Che ne dici, Perrault?" chiese con orgoglio.
Perrault hocha la tête en signe d'accord et vérifia ses notes.
Perrault annuì in segno di assenso e controllò i suoi appunti.
Nous sommes déjà en avance sur le calendrier et gagnons chaque jour davantage.
Siamo già in anticipo sui tempi e guadagniamo sempre di più ogni giorno.
Le sentier était dur et lisse, sans neige fraîche.
Il sentiero era compatto e liscio, senza neve fresca.
Le froid était constant, oscillant autour de cinquante degrés en dessous de zéro.
Il freddo era costante, con temperature che si aggiravano sempre sui cinquanta gradi sotto zero.
Les hommes montaient et couraient à tour de rôle pour se réchauffer et gagner du temps.
Per scaldarsi e guadagnare tempo, gli uomini si alternavano a cavallo e a correre.
Les chiens couraient vite avec peu d'arrêts, poussant toujours vers l'avant.

I cani correvano veloci, fermandosi di rado, spingendosi sempre in avanti.
La rivière Thirty Mile était en grande partie gelée et facile à traverser.
Il fiume Thirty Mile era per la maggior parte ghiacciato e facile da attraversare.
Ils sont sortis en un jour, ce qui leur avait pris dix jours pour venir.
In un giorno realizzarono ciò che per arrivare aveva impiegato dieci giorni.
Ils ont parcouru une distance de soixante milles du lac Le Barge jusqu'à White Horse.
Percorsero circa 96 chilometri dal lago Le Barge a White Horse.
À travers les lacs Marsh, Tagish et Bennett, ils se déplaçaient incroyablement vite.
Si muovevano a velocità incredibile attraverso i laghi Marsh, Tagish e Bennett.
L'homme qui courait était tiré derrière le traîneau par une corde.
L'uomo che correva veniva trainato dietro la slitta con una corda.
La dernière nuit de la deuxième semaine, ils sont arrivés à destination.
L'ultima notte della seconda settimana giunsero a destinazione.
Ils avaient atteint ensemble le sommet du col White.
Insieme avevano raggiunto la cima del White Pass.
Ils sont descendus au niveau de la mer avec les lumières de Skaguay en dessous d'eux.
Scesero fino al livello del mare, con le luci dello Skaguay sotto di loro.
Il s'agissait d'une course record à travers des kilomètres de nature froide et sauvage.
Era stata una corsa da record attraverso chilometri di fredda natura selvaggia.

Pendant quatorze jours d'affilée, ils ont parcouru en moyenne quarante miles.
Per quattordici giorni di fila percorsero in media circa quaranta miglia.
À Skaguay, Perrault et François transportaient des marchandises à travers la ville.
A Skaguay, Perrault e François trasportavano merci attraverso la città.
Ils ont été acclamés et ont reçu de nombreuses boissons de la part d'une foule admirative.
Furono applauditi e ricevettero numerose bevande dalla folla ammirata.
Les chasseurs de chiens et les ouvriers se sont rassemblés autour du célèbre attelage de chiens.
I cacciatori di cani e gli operai si sono riuniti attorno alla famosa squadra cinofila.
Puis les hors-la-loi de l'Ouest arrivèrent en ville et subirent une violente défaite.
Poi i fuorilegge del West giunsero in città e subirono una violenta sconfitta.
Les gens ont vite oublié l'équipe et se sont concentrés sur un nouveau drame.
La gente si dimenticò presto della squadra e si concentrò sul nuovo dramma.
Puis sont arrivées les nouvelles commandes qui ont tout changé d'un coup.
Poi arrivarono i nuovi ordini che cambiarono tutto in un colpo.
François appela Buck à lui et le serra dans ses bras avec une fierté larmoyante.
François chiamò Buck e lo abbracciò con orgoglio e lacrime.
Ce moment fut la dernière fois que Buck revit François.
Quel momento fu l'ultima volta che Buck vide di nuovo François.
Comme beaucoup d'hommes avant eux, François et Perrault étaient tous deux partis.

Come molti altri uomini prima di lui, sia François che Perrault se n'erano andati.

Un métis écossais a pris en charge Buck et ses coéquipiers de chiens de traîneau.

Un meticcio scozzese si prese cura di Buck e dei suoi compagni di squadra con i cani da slitta.

Avec une douzaine d'autres équipes de chiens, ils sont retournés par le sentier jusqu'à Dawson.

Con una dozzina di altre mute di cani, ritornarono lungo il sentiero fino a Dawson.

Ce n'était plus une course rapide, juste un travail pénible avec une lourde charge chaque jour.

Non si trattava più di una corsa veloce, ma solo di un duro lavoro con un carico pesante ogni giorno.

C'était le train postal qui apportait des nouvelles aux chercheurs d'or près du pôle.

Si trattava del treno postale che portava notizie ai cercatori d'oro vicino al Polo.

Buck n'aimait pas le travail mais le supportait bien, étant fier de ses efforts.

Buck non amava il lavoro, ma lo sopportò bene, essendo orgoglioso del suo impegno.

Comme Dave et Solleks, Buck a fait preuve de dévouement dans chaque tâche quotidienne.

Come Dave e Solleks, Buck dimostrava dedizione in ogni compito quotidiano.

Il s'est assuré que chacun de ses coéquipiers fasse sa part du travail.

Si è assicurato che tutti i suoi compagni di squadra dessero il massimo.

La vie sur les sentiers est devenue ennuyeuse, répétée avec la précision d'une machine.

La vita sui sentieri divenne noiosa e si ripeteva con la precisione di una macchina.

Chaque jour était le même, un matin se fondant dans le suivant.

Ogni giorno era uguale, una mattina si fondeva con quella successiva.

À la même heure, les cuisiniers se levèrent pour allumer des feux et préparer la nourriture.

Alla stessa ora, i cuochi si alzarono per accendere il fuoco e preparare il cibo.

Après le petit-déjeuner, certains quittèrent le camp tandis que d'autres attelèrent les chiens.

Dopo colazione alcuni lasciarono l'accampamento mentre altri attaccarono i cani.

Ils ont pris la route avant que le faible avertissement de l'aube ne touche le ciel.

Raggiunsero il sentiero prima che il pallido segnale dell'alba sfiorasse il cielo.

La nuit, ils s'arrêtaient pour camper, chaque homme ayant une tâche précise.

Di notte si fermavano per accamparsi, e a ogni uomo veniva assegnato un compito.

Certains ont monté les tentes, d'autres ont coupé du bois de chauffage et ramassé des branches de pin.

Alcuni montarono le tende, altri tagliarono la legna da ardere e raccolsero rami di pino.

De l'eau ou de la glace étaient ramenées aux cuisiniers pour le repas du soir.

Acqua o ghiaccio venivano portati ai cuochi per la cena serale.

Les chiens ont été nourris et c'était le meilleur moment de la journée pour eux.

I cani vennero nutriti e per loro quello fu il momento migliore della giornata.

Après avoir mangé du poisson, les chiens se sont détendus et se sont allongés près du feu.

Dopo aver mangiato il pesce, i cani si rilassarono e oziarono vicino al fuoco.

Il y avait une centaine d'autres chiens dans le convoi avec lesquels se mêler.

Nel convoglio c'erano un centinaio di altri cani con cui socializzare.

Beaucoup de ces chiens étaient féroces et prompts à se battre sans prévenir.
Molti di quei cani erano feroci e pronti a combattere senza preavviso.
Mais après trois victoires, Buck a maîtrisé même les combattants les plus féroces.
Ma dopo tre vittorie, Buck riuscì a domare anche i combattenti più feroci.
Maintenant, quand Buck grogna et montra ses dents, ils s'écartèrent.
Ora, quando Buck ringhiò e mostrò i denti, loro si fecero da parte.
Mais le plus beau dans tout ça, c'est que Buck aimait s'allonger près du feu de camp vacillant.
Forse la cosa più bella di tutte era che a Buck piaceva sdraiarsi vicino al fuoco tremolante.
Il s'accroupit, les pattes arrière repliées et les pattes avant tendues vers l'avant.
Si accovacciò, con le zampe posteriori ripiegate e quelle anteriori distese in avanti.
Sa tête était levée tandis qu'il cligna doucement des yeux devant les flammes rougeoyantes.
Teneva la testa sollevata e sbatteva dolcemente le palpebre verso le fiamme ardenti.
Parfois, il se souvenait de la grande maison du juge Miller à Santa Clara.
A volte ricordava la grande casa del giudice Miller a Santa Clara.
Il pensait à la piscine en ciment, à Ysabel et au carlin appelé Toots.
Pensò alla piscina di cemento, a Ysabel e al carlino di nome Toots.
Mais le plus souvent, il se souvenait du gourdin de l'homme au pull rouge.
Ma più spesso si ricordava del bastone dell'uomo con il maglione rosso.

Il se souvenait de la mort de Curly et de sa bataille acharnée contre Spitz.

Ricordava la morte di Curly e la sua feroce battaglia con Spitz.

Il se souvenait aussi des bons plats qu'il avait mangés ou dont il rêvait encore.

Ricordava anche il buon cibo che aveva mangiato o che ancora sognava.

Buck n'avait pas le mal du pays : la vallée chaude était lointaine et irréelle.

Buck non aveva nostalgia di casa: la valle calda era lontana e irreale.

Les souvenirs de Californie n'avaient plus vraiment d'influence sur lui.

I ricordi della California non avevano più alcun fascino su di lui.

Plus forts que la mémoire étaient les instincts profondément ancrés dans sa lignée.

Più forti della memoria erano gli istinti radicati nella sua stirpe.

Les habitudes autrefois perdues étaient revenues, ravivées par le sentier et la nature sauvage.

Le abitudini un tempo perdute erano tornate, ravvivate dal sentiero e dalla natura selvaggia.

Tandis que Buck regardait la lumière du feu, cela devenait parfois autre chose.

Mentre Buck osservava la luce del fuoco, a volte questa diventava qualcos'altro.

Il vit à la lueur du feu un autre feu, plus vieux et plus profond que celui-ci.

Vide alla luce del fuoco un altro fuoco, più vecchio e più profondo di quello attuale.

À côté de cet autre feu se tenait accroupi un homme qui ne ressemblait pas au cuisinier métis.

Accanto all'altro fuoco era accovacciato un uomo che non somigliava per niente al cuoco meticcio.

Cette figurine avait des jambes courtes, de longs bras et des muscles durs et noués.

Questa figura aveva gambe corte, braccia lunghe e muscoli duri e contratti.

Ses cheveux étaient longs et emmêlés, tombant en arrière à partir des yeux.
I suoi capelli erano lunghi e arruffati, e gli scendevano all'indietro a partire dagli occhi.

Il émit des sons étranges et regarda l'obscurité avec peur.
Emetteva strani suoni e fissava l'oscurità con paura.

Il tenait une massue en pierre basse, fermement serrée dans sa longue main rugueuse.
Teneva bassa una mazza di pietra, stretta saldamente nella sua mano lunga e ruvida.

L'homme portait peu de vêtements ; juste une peau carbonisée qui pendait dans son dos.
L'uomo indossava ben poco: solo una pelle carbonizzata che gli pendeva lungo la schiena.

Son corps était couvert de poils épais sur les bras, la poitrine et les cuisses.
Il suo corpo era ricoperto da una folta peluria sulle braccia, sul petto e sulle cosce.

Certaines parties des cheveux étaient emmêlées en plaques de fourrure rugueuse.
Alcune parti del pelo erano aggrovigliate e formavano chiazze di pelo ruvido.

Il ne se tenait pas droit mais penché en avant des hanches jusqu'aux genoux.
Non stava dritto, ma era piegato in avanti dai fianchi alle ginocchia.

Ses pas étaient élastiques et félins, comme s'il était toujours prêt à bondir.
I suoi passi erano elastici e felini, come se fosse sempre pronto a scattare.

Il y avait une vive vigilance, comme s'il vivait dans une peur constante.
C'era una forte allerta, come se vivesse nella paura costante.

Cet homme ancien semblait s'attendre au danger, que le danger soit perçu ou non.

Quest'uomo anziano sembrava aspettarsi il pericolo, indipendentemente dal fatto che questo venisse visto o meno.

Parfois, l'homme poilu dormait près du feu, la tête entre les jambes.

A volte l'uomo peloso dormiva accanto al fuoco, con la testa tra le gambe.

Ses coudes reposaient sur ses genoux, ses mains jointes au-dessus de sa tête.

Teneva i gomiti sulle ginocchia e le mani giunte sopra la testa.

Comme un chien, il utilisait ses bras velus pour se débarrasser de la pluie qui tombait.

Come un cane, usava le sue braccia pelose per proteggersi dalla pioggia che cadeva.

Au-delà de la lumière du feu, Buck vit deux charbons jumeaux briller dans l'obscurité.

Oltre la luce del fuoco, Buck vide due carboni ardenti che ardevano nell'oscurità.

Toujours deux par deux, ils étaient les yeux des bêtes de proie traquantes.

Sempre a due a due, erano gli occhi delle bestie da preda.

Il entendit des corps s'écraser à travers les broussailles et des bruits se faire entendre dans la nuit.

Sentì corpi che si infrangevano tra i cespugli e rumori provenienti dalla notte.

Allongé sur la rive du Yukon, clignant des yeux, Buck rêvait près du feu.

Sdraiato sulla riva dello Yukon, sbattendo le palpebre, Buck sognò accanto al fuoco.

Les images et les sons de ce monde sauvage lui faisaient dresser les cheveux sur la tête.

Le immagini e i suoni di quel mondo selvaggio gli fecero rizzare i capelli.

La fourrure s'élevait le long de son dos, de ses épaules et de son cou.

La pelliccia gli si drizzò lungo la schiena, sulle spalle e sul collo.

Il gémissait doucement ou émettait un grognement sourd au plus profond de sa poitrine.
Gemeva piano o emetteva un ringhio basso dal profondo del petto.
Alors le cuisinier métis cria : « Hé, toi Buck, réveille-toi ! »
Allora il cuoco meticcio urlò: "Ehi, Buck, svegliati!"
Le monde des rêves a disparu et la vraie vie est revenue aux yeux de Buck.
Il mondo dei sogni svanì e la vera vita tornò agli occhi di Buck.
Il allait se lever, s'étirer et bâiller, comme s'il venait de se réveiller d'une sieste.
Si sarebbe alzato, si sarebbe stiracchiato e avrebbe sbadigliato, come se si fosse svegliato da un pisolino.
Le voyage était difficile, avec le traîneau postal qui traînait derrière eux.
Il viaggio era duro, con la slitta postale che li trascinava dietro.
Les lourdes charges et le travail pénible épuisaient les chiens à chaque longue journée.
Carichi pesanti e lavoro duro sfinivano i cani ogni lunga giornata.
Ils arrivèrent à Dawson maigres, fatigués et ayant besoin de plus d'une semaine de repos.
Arrivarono a Dawson magro, stanco e con bisogno di più di una settimana di riposo.
Mais seulement deux jours plus tard, ils repartaient sur le Yukon.
Ma solo due giorni dopo ripartirono per lo Yukon.
Ils étaient chargés de lettres supplémentaires destinées au monde extérieur.
Erano carichi di altre lettere dirette al mondo esterno.
Les chiens étaient épuisés et les hommes se plaignaient constamment.
I cani erano esausti e gli uomini si lamentavano in continuazione.
La neige tombait tous les jours, ramollissant le sentier et ralentissant les traîneaux.

Ogni giorno cadeva la neve, ammorbidendo il sentiero e rallentando le slitte.
Cela a rendu la traction plus difficile et a entraîné plus de traînée sur les patins.
Ciò rendeva la trazione più dura e aumentava la resistenza delle guide.
Malgré cela, les pilotes étaient justes et se souciaient de leurs équipes.
Nonostante ciò, i piloti si sono dimostrati leali e hanno avuto cura delle loro squadre.
Chaque nuit, les chiens étaient nourris avant que les hommes ne puissent manger.
Ogni notte, i cani venivano nutriti prima che gli uomini mangiassero.
Aucun homme ne dormait avant de vérifier les pattes de son propre chien.
Nessun uomo dormiva prima di controllare le zampe del proprio cane.
Cependant, les chiens s'affaiblissaient à mesure que les kilomètres s'écoulaient sur leur corps.
Tuttavia, i cani diventavano sempre più deboli man mano che i chilometri consumavano i loro corpi.
Ils avaient parcouru mille huit cents kilomètres pendant l'hiver.
Avevano viaggiato per milleottocento miglia durante l'inverno.
Ils ont tiré des traîneaux sur chaque kilomètre de cette distance brutale.
Percorrevano ogni miglio di quella distanza brutale trainando le slitte.
Même les chiens de traîneau les plus robustes ressentent de la tension après tant de kilomètres.
Anche i cani da slitta più resistenti provano tensione dopo tanti chilometri.
Buck a tenu bon, a permis à son équipe de travailler et a maintenu la discipline.

Buck tenne duro, fece sì che la sua squadra lavorasse e mantenne la disciplina.
Mais Buck était fatigué, tout comme les autres pendant le long voyage.
Ma Buck era stanco, proprio come gli altri durante il lungo viaggio.
Billee gémissait et pleurait dans son sommeil chaque nuit sans faute.
Billee piagnucolava e piangeva nel sonno ogni notte, senza sosta.
Joe devint encore plus amer et Solleks resta froid et distant.
Joe diventò ancora più amareggiato e Solleks rimase freddo e distante.
Mais c'est Dave qui a le plus souffert de toute l'équipe.
Ma è stato Dave a soffrire di più di tutta la squadra.
Quelque chose n'allait pas en lui, même si personne ne savait quoi.
Qualcosa dentro di lui era andato storto, anche se nessuno sapeva cosa.
Il est devenu de plus en plus maussade et s'en est pris aux autres avec une colère croissante.
Divenne più lunatico e aggredì gli altri con rabbia crescente.
Chaque nuit, il se rendait directement à son nid, attendant d'être nourri.
Ogni notte andava dritto al suo nido, in attesa di essere nutrito.
Une fois tombé, Dave ne s'est pas relevé avant le matin.
Una volta a terra, Dave non si alzò più fino al mattino.
Sur les rênes, des secousses ou des sursauts brusques le faisaient crier de douleur.
Sulle redini, gli improvvisi strattoni o sussulti lo facevano gridare di dolore.
Son chauffeur a recherché la cause du sinistre, mais n'a constaté aucune blessure.
L'autista ha cercato di capirne la causa, ma non ha trovato ferite.

Tous les conducteurs ont commencé à regarder Dave et ont discuté de son cas.
Tutti gli autisti cominciarono a osservare Dave e a discutere del suo caso.
Ils ont discuté pendant les repas et pendant leur dernière cigarette de la journée.
Parlarono durante i pasti e durante l'ultima sigaretta della giornata.
Une nuit, ils ont tenu une réunion et ont amené Dave au feu.
Una notte tennero una riunione e portarono Dave al fuoco.
Ils pressèrent et sondèrent son corps, et il cria souvent.
Gli premevano e palpavano il corpo e lui gridava spesso.
De toute évidence, quelque chose n'allait pas, même si aucun os ne semblait cassé.
Era evidente che qualcosa non andava, anche se non sembrava esserci nessuna frattura.
Au moment où ils atteignirent Cassiar Bar, Dave était en train de tomber.
Quando arrivarono al Cassiar Bar, Dave stava cadendo.
Le métis écossais a appelé à la fin et a retiré Dave de l'équipe.
Il meticcio scozzese impose uno stop e rimosse Dave dalla squadra.
Il a attaché Solleks à la place de Dave, le plus près de l'avant du traîneau.
Fissò Solleks al posto di Dave, il più vicino possibile alla parte anteriore della slitta.
Il avait l'intention de laisser Dave se reposer et courir librement derrière le traîneau en mouvement.
Voleva lasciare che Dave riposasse e corresse libero dietro la slitta in movimento.
Mais même malade, Dave détestait être privé du travail qu'il avait occupé.
Ma nonostante la malattia, Dave odiava che gli venisse tolto il lavoro che aveva ricoperto.
Il grogna et gémit tandis que les rênes étaient retirées de son corps.

Ringhiò e piagnucolò quando gli strapparono le redini dal corpo.
Quand il vit Solleks à sa place, il pleura de douleur.
Quando vide Solleks al suo posto, pianse disperato.
La fierté du travail sur les sentiers était profonde chez Dave, même à l'approche de la mort.
L'orgoglio per il lavoro sui sentieri era profondo in Dave, anche quando la morte si avvicinava.
Alors que le traîneau se déplaçait, Dave pataugeait dans la neige molle près du sentier.
Mentre la slitta si muoveva, Dave arrancava nella neve soffice vicino al sentiero.
Il a attaqué Solleks, le mordant et le poussant du côté du traîneau.
Attaccò Solleks, mordendolo e spingendolo giù dal lato della slitta.
Dave a essayé de sauter dans le harnais et de récupérer sa place de travail.
Dave cercò di saltare nell'imbracatura e di riprendersi il suo posto di lavoro.
Il hurlait, gémissait et pleurait, déchiré entre la douleur et la fierté du travail.
Lui guaiva, si lamentava e piangeva, diviso tra il dolore e l'orgoglio del parto.
Le métis a utilisé son fouet pour essayer de chasser Dave de l'équipe.
Il meticcio usò la frusta per cercare di allontanare Dave dalla squadra.
Mais Dave ignora le coup de fouet, et l'homme ne put pas le frapper plus fort.
Ma Dave ignorò la frustata e l'uomo non riuscì a colpirlo più forte.
Dave a refusé le chemin le plus facile derrière le traîneau, où la neige était tassée.
Dave rifiutò il sentiero più facile dietro la slitta, dove la neve era compatta.

Au lieu de cela, il se débattait dans la neige profonde à côté du sentier, dans la misère.
Invece, si ritrovò a lottare nella neve profonda, ai lati del sentiero, in preda alla miseria.
Finalement, Dave s'est effondré, allongé dans la neige et hurlant de douleur.
Alla fine Dave crollò, giacendo sulla neve e urlando di dolore.
Il cria tandis que le long train de traîneaux le dépassait un par un.
Lanciò un grido mentre la lunga fila di slitte gli passava accanto una dopo l'altra.
Pourtant, avec ce qu'il lui restait de force, il se leva et trébucha après eux.
Tuttavia, con le poche forze che gli rimanevano, si alzò e barcollò dietro di loro.
Il l'a rattrapé lorsque le train s'est arrêté à nouveau et a retrouvé son vieux traîneau.
Quando il treno si fermò di nuovo, lo raggiunse e trovò la sua vecchia slitta.
Il a dépassé les autres équipes et s'est retrouvé à nouveau aux côtés de Solleks.
Superò con difficoltà le altre squadre e tornò a posizionarsi accanto a Solleks.
Alors que le conducteur s'arrêtait pour allumer sa pipe, Dave saisit sa dernière chance.
Mentre l'autista si fermava per accendere la pipa, Dave colse l'ultima occasione.
Lorsque le chauffeur est revenu et a crié, l'équipe n'a pas avancé.
Quando l'autista tornò e urlò, la squadra non avanzò.
Les chiens avaient tourné la tête, déconcertés par l'arrêt soudain.
I cani avevano girato la testa, confusi dall'improvviso arresto.
Le conducteur était également choqué : le traîneau n'avait pas avancé d'un pouce.
Anche il conducente era scioccato: la slitta non si era mossa di un centimetro in avanti.

Il a appelé les autres pour qu'ils viennent voir ce qui s'était passé.
Chiamò gli altri perché venissero a vedere cosa era successo.
Dave avait mâché les rênes de Solleks, les brisant toutes les deux.
Dave aveva masticato le redini di Solleks, spezzandole entrambe.
Il se tenait maintenant devant le traîneau, de retour à sa position légitime.
Ora era di nuovo in piedi davanti alla slitta, nella sua giusta posizione.
Dave leva les yeux vers le conducteur, le suppliant silencieusement de rester dans les traces.
Dave alzò lo sguardo verso l'autista, implorandolo silenziosamente di restare al passo.
Le conducteur était perplexe, ne sachant pas quoi faire pour le chien en difficulté.
L'autista era perplesso e non sapeva cosa fare per il cane in difficoltà.
Les autres hommes parlaient de chiens qui étaient morts après avoir été emmenés dehors.
Gli altri uomini parlavano di cani morti perché li avevano portati fuori.
Ils ont parlé de chiens âgés ou blessés dont le cœur se brisait lorsqu'ils étaient abandonnés.
Raccontavano di cani vecchi o feriti il cui cuore si era spezzato quando erano stati abbandonati.
Ils ont convenu que c'était une preuve de miséricorde de laisser Dave mourir alors qu'il était encore dans son harnais.
Concordarono che era un atto di misericordia lasciare che Dave morisse mentre era ancora imbrigliato.
Il était attaché au traîneau et Dave tirait avec fierté.
Fu rimesso in sicurezza sulla slitta e Dave tirò con orgoglio.
Même s'il criait parfois, il travaillait comme si la douleur pouvait être ignorée.
Anche se a volte gridava, lavorava come se il dolore potesse essere ignorato.

Plus d'une fois, il est tombé et a été traîné avant de se relever.
Più di una volta cadde e fu trascinato prima di rialzarsi.
Un jour, le traîneau l'a écrasé et il a boité à partir de ce moment-là.
A un certo punto la slitta gli rotolò addosso e da quel momento in poi zoppicò.
Il travailla néanmoins jusqu'à ce qu'il atteigne le camp, puis s'allongea près du feu.
Nonostante ciò, lavorò finché non raggiunse l'accampamento e poi si sdraiò accanto al fuoco.
Le matin, Dave était trop faible pour voyager ou même se tenir debout.
Al mattino Dave era troppo debole per muoversi o anche solo per stare in piedi.
Au moment de l'attelage, il essaya d'atteindre son conducteur avec un effort tremblant.
Al momento di allacciare l'imbracatura, cercò di raggiungere il suo autista con sforzi tremanti.
Il se força à se relever, tituba et s'effondra sur le sol enneigé.
Si sforzò di rialzarsi, barcollò e crollò sul terreno innevato.
À l'aide de ses pattes avant, il a traîné son corps vers la zone de harnais.
Utilizzando le zampe anteriori, trascinò il suo corpo verso la zona dell'imbracatura.
Il s'avança, pouce par pouce, vers les chiens de travail.
Si fece avanti, centimetro dopo centimetro, verso i cani da lavoro.
Ses forces l'abandonnèrent, mais il continua d'avancer dans sa dernière poussée désespérée.
Le forze gli cedettero, ma continuò a muoversi nel suo ultimo disperato tentativo.
Ses coéquipiers l'ont vu haleter dans la neige, impatients de les rejoindre.
I suoi compagni di squadra lo videro ansimare nella neve, ancora desideroso di unirsi a loro.

Ils l'entendirent hurler de tristesse alors qu'ils quittaient le camp.
Lo sentirono urlare di dolore mentre si lasciavano alle spalle l'accampamento.
Alors que l'équipe disparaissait dans les arbres, le cri de Dave résonna derrière eux.
Mentre la squadra svaniva tra gli alberi, il grido di Dave risuonava dietro di loro.
Le train de traîneaux s'est brièvement arrêté après avoir traversé un tronçon de forêt fluviale.
Il treno delle slitte si fermò brevemente dopo aver attraversato un tratto di fiume ricco di boschi.
Le métis écossais retourna lentement vers le camp situé derrière lui.
Il meticcio scozzese tornò lentamente verso l'accampamento alle sue spalle.
Les hommes ont arrêté de parler quand ils l'ont vu quitter le train de traîneaux.
Gli uomini smisero di parlare quando lo videro scendere dal treno delle slitte.
Puis un coup de feu retentit clairement et distinctement de l'autre côté du sentier.
Poi un singolo colpo di pistola risuonò chiaro e netto attraverso il sentiero.
L'homme revint rapidement et reprit sa place sans un mot.
L'uomo tornò rapidamente e prese il suo posto senza dire una parola.
Les fouets claquaient, les cloches tintaient et les traîneaux roulaient dans la neige.
Le fruste schioccavano, i campanelli tintinnavano e le slitte avanzavano sulla neve.
Mais Buck savait ce qui s'était passé, et tous les autres chiens aussi.
Ma Buck sapeva cosa era successo, come tutti gli altri cani.

Le travail des rênes et du sentier
La fatica delle redini e del sentiero

Trente jours après avoir quitté Dawson, le Salt Water Mail atteignit Skaguay.
Trenta giorni dopo aver lasciato Dawson, la Salt Water Mail raggiunse Skaguay.
Buck et ses coéquipiers ont pris la tête, arrivant dans un état pitoyable.
Buck e i suoi compagni di squadra presero il comando e arrivarono in condizioni pietose.
Buck était passé de cent quarante à cent quinze livres.
Buck era sceso da 140 a 150 chili.
Les autres chiens, bien que plus petits, avaient perdu encore plus de poids.
Gli altri cani, sebbene più piccoli, avevano perso ancora più peso corporeo.
Pike, autrefois un faux boiteux, traînait désormais derrière lui une jambe véritablement blessée.
Pike, che una volta zoppicava fingendo, ora trascinava dietro di sé una gamba veramente ferita.
Solleks boitait beaucoup et Dub avait une omoplate déchirée.
Solleks zoppicava gravemente e Dub aveva una scapola slogata.
Tous les chiens de l'équipe avaient mal aux pieds après des semaines passées sur le sentier gelé.
Tutti i cani del team avevano i piedi doloranti a causa delle settimane trascorse sul sentiero ghiacciato.
Ils n'avaient plus aucun ressort dans leurs pas, seulement un mouvement lent et traînant.
Non avevano più slancio nei loro passi, solo un movimento lento e trascinato.
Leurs pieds heurtent durement le sentier, chaque pas ajoutant plus de tension à leur corps.
I loro piedi colpivano il sentiero con forza e ogni passo aggiungeva ulteriore sforzo al loro corpo.

Ils n'étaient pas malades, seulement épuisés au-delà de toute guérison naturelle.
Non erano malati, erano solo stremati oltre ogni possibile guarigione naturale.
Ce n'était pas la fatigue d'une dure journée, guérie par une nuit de repos.
Non si trattava della stanchezza di una giornata faticosa, curata con una notte di riposo.
C'était un épuisement qui s'était construit lentement au fil de mois d'efforts épuisants.
Era una stanchezza accumulata lentamente attraverso mesi di sforzi estenuanti.
Il ne leur restait plus aucune force de réserve : ils avaient épuisé toutes leurs forces.
Non era rimasta alcuna riserva di forze: avevano esaurito ogni energia a loro disposizione.
Chaque muscle, chaque fibre et chaque cellule de leur corps étaient épuisés et usés.
Ogni muscolo, fibra e cellula del loro corpo era consumato e usurato.
Et il y avait une raison : ils avaient parcouru deux mille cinq cents kilomètres.
E c'era un motivo: avevano percorso duemilacinquecento miglia.
Ils ne s'étaient reposés que cinq jours au cours des mille huit cents derniers kilomètres.
Si erano riposati solo cinque giorni durante le ultime milleottocento miglia.
Lorsqu'ils arrivèrent à Skaguay, ils semblaient à peine capables de se tenir debout.
Quando giunsero a Skaguay, sembrava che riuscissero a malapena a stare in piedi.
Ils ont lutté pour garder les rênes serrées et rester devant le traîneau.
Facevano fatica a tenere le redini strette e a restare davanti alla slitta.

Dans les descentes, ils ont tout juste réussi à éviter d'être écrasés.
Nei pendii in discesa riuscivano solo a evitare di essere investiti.
« Continuez, pauvres pieds endoloris », dit le chauffeur tandis qu'ils boitaient.
"Continuate a marciare, poveri piedi doloranti", disse l'autista mentre zoppicavano.
« C'est la dernière ligne droite, après quoi nous aurons tous droit à un long repos, c'est sûr. »
"Questo è l'ultimo tratto, poi ci prenderemo tutti un lungo riposo, di sicuro."
« Un très long repos », promit-il en les regardant avancer en titubant.
"Un riposo davvero lungo", promise, guardandoli barcollare in avanti.
Les pilotes s'attendaient à bénéficier d'une longue pause bien méritée.
Gli autisti si aspettavano una lunga e necessaria pausa.
Ils avaient parcouru douze cents milles avec seulement deux jours de repos.
Avevano percorso milleduecento miglia con solo due giorni di riposo.
Par souci d'équité et de raison, ils estimaient avoir mérité un temps de détente.
Per correttezza e ragione, ritenevano di essersi guadagnati un po' di tempo per rilassarsi.
Mais trop de gens étaient venus au Klondike et trop peu étaient restés chez eux.
Ma troppi erano giunti nel Klondike e troppo pochi erano rimasti a casa.
Les lettres des familles ont afflué, créant des piles de courrier en retard.
Le lettere delle famiglie continuavano ad arrivare, creando pile di posta in ritardo.
Les ordres officiels sont arrivés : de nouveaux chiens de la Baie d'Hudson allaient prendre le relais.

Arrivarono gli ordini ufficiali: i nuovi cani della Hudson Bay avrebbero preso il sopravvento.
Les chiens épuisés, désormais considérés comme sans valeur, devaient être éliminés.
I cani esausti, ormai considerati inutili, dovevano essere eliminati.
Comme l'argent comptait plus que les chiens, ils allaient être vendus à bas prix.
Poiché i soldi erano più importanti dei cani, venivano venduti a basso prezzo.
Trois jours supplémentaires passèrent avant que les chiens ne ressentent à quel point ils étaient faibles.
Passarono altri tre giorni prima che i cani si accorgessero di quanto fossero deboli.
Le quatrième matin, deux hommes venus des États-Unis ont acheté toute l'équipe.
La quarta mattina, due uomini provenienti dagli Stati Uniti acquistarono l'intera squadra.
La vente comprenait tous les chiens, ainsi que leur harnais usagé.
La vendita comprendeva tutti i cani e le loro imbracature usate.
Les hommes s'appelaient mutuellement « Hal » et « Charles » lorsqu'ils concluaient l'affaire.
Mentre concludevano l'affare, gli uomini si chiamavano tra loro "Hal" e "Charles".
Charles était d'âge moyen, pâle, avec des lèvres molles et des pointes de moustache féroces.
Charles era un uomo di mezza età, pallido, con labbra molli e folti baffi.
Hal était un jeune homme, peut-être âgé de dix-neuf ans, portant une ceinture bourrée de cartouches.
Hal era un giovane, forse diciannove anni, che indossava una cintura imbottita di cartucce.
La ceinture contenait un gros revolver et un couteau de chasse, tous deux inutilisés.

Nella cintura erano contenuti un grosso revolver e un coltello da caccia, entrambi inutilizzati.

Cela a montré à quel point il était inexpérimenté et inapte à la vie dans le Nord.

Dimostrava quanto fosse inesperto e inadatto alla vita nel Nord.

Aucun des deux hommes n'appartenait à la nature sauvage ; leur présence défiait toute raison.

Nessuno dei due uomini viveva in natura; la loro presenza sfidava ogni ragionevolezza.

Buck a regardé l'argent échanger des mains entre l'acheteur et l'agent.

Buck osservava lo scambio di denaro tra l'acquirente e l'agente.

Il savait que les conducteurs du train postal allaient le quitter comme les autres.

Sapeva che i conducenti dei treni postali stavano abbandonando la sua vita come tutti gli altri.

Ils suivirent Perrault et François, désormais irrévocables.

Seguirono Perrault e François, ormai scomparsi.

Buck et l'équipe ont été conduits dans le camp négligé de leurs nouveaux propriétaires.

Buck e la squadra vennero condotti al disordinato accampamento dei loro nuovi proprietari.

La tente s'affaissait, la vaisselle était sale et tout était en désordre.

La tenda cedeva, i piatti erano sporchi e tutto era in disordine.

Buck remarqua également une femme : Mercedes, la femme de Charles et la sœur de Hal.

Anche Buck notò una donna lì: Mercedes, moglie di Charles e sorella di Hal.

Ils formaient une famille complète, bien que loin d'être adaptée au sentier.

Formavano una famiglia completa, anche se erano tutt'altro che adatti al sentiero.

Buck regarda nerveusement le trio commencer à emballer les fournitures.

Buck osservava nervosamente mentre il trio iniziava a impacchettare le provviste.

Ils ont travaillé dur mais sans ordre, juste du grabuge et des efforts gaspillés.

Lavoravano duro ma senza ordine, solo confusione e sforzi sprecati.

La tente a été roulée dans une forme volumineuse, beaucoup trop grande pour le traîneau.

La tenda era arrotolata fino a formare una sagoma ingombrante, decisamente troppo grande per la slitta.

La vaisselle sale a été emballée sans avoir été nettoyée ni séchée du tout.

I piatti sporchi venivano imballati senza essere stati né lavati né asciugati.

Mercedes voltigeait, parlant constamment, corrigeant et intervenant.

Mercedes svolazzava in giro, parlando, correggendo e intromettendosi in continuazione.

Lorsqu'un sac était placé à l'avant, elle insistait pour qu'il soit placé à l'arrière.

Quando le misero un sacco davanti, lei insistette perché lo mettesse dietro.

Elle a mis le sac au fond, et l'instant d'après, elle en avait besoin.

Mise il sacco in fondo e un attimo dopo ne ebbe bisogno.

Le traîneau a donc été déballé à nouveau pour atteindre le sac spécifique.

Quindi la slitta venne disimballata di nuovo per raggiungere quella specifica borsa.

À proximité, trois hommes se tenaient devant une tente, observant la scène se dérouler.

Lì vicino, tre uomini stavano fuori da una tenda e osservavano la scena che si svolgeva.

Ils souriaient, faisaient des clins d'œil et souriaient à la confusion évidente des nouveaux arrivants.

Sorrisero, ammiccarono e sogghignarono di fronte all'evidente confusione dei nuovi arrivati.

« Vous avez déjà une charge très lourde », dit l'un des hommes.
"Hai già un carico parecchio pesante", disse uno degli uomini.
« Je ne pense pas que tu devrais porter cette tente, mais c'est ton choix. »
"Non credo che dovresti portare quella tenda, ma la scelta è tua."
« Inimaginable ! » s'écria Mercedes en levant les mains de désespoir.
"Impensabile!" esclamò Mercedes, alzando le mani in segno di disperazione.
« Comment pourrais-je voyager sans une tente sous laquelle dormir ? »
"Come potrei viaggiare senza una tenda sotto cui dormire?"
« C'est le printemps, vous ne verrez plus jamais de froid », répondit l'homme.
«È primavera, non vedrai più il freddo», rispose l'uomo.
Mais elle secoua la tête et ils continuèrent à empiler des objets sur le traîneau.
Ma lei scosse la testa e loro continuarono ad accumulare oggetti sulla slitta.
La charge s'élevait dangereusement alors qu'ils ajoutaient les dernières choses.
Il carico era pericolosamente alto mentre aggiungevano gli ultimi oggetti.
« Tu penses que le traîneau va rouler ? » demanda l'un des hommes avec un regard sceptique.
"Pensi che la slitta andrà avanti?" chiese uno degli uomini con aria scettica.
« Pourquoi pas ? » rétorqua Charles, vivement agacé.
"E perché non dovrebbe?" ribatté Charles con netto fastidio.
« Oh, ce n'est pas grave », dit rapidement l'homme, s'éloignant de l'offense.
"Oh, va bene", disse rapidamente l'uomo, evitando di offendersi.
« Je me demandais juste – ça me semblait un peu trop lourd. »

"Mi chiedevo solo: mi sembrava un po' troppo pesante nella parte superiore."

Charles se détourna et attacha la charge du mieux qu'il put.
Charles si voltò e legò il carico meglio che poté.

Mais les attaches étaient lâches et l'emballage mal fait dans l'ensemble.
Ma le legature erano allentate e l'imballaggio nel complesso era fatto male.

« Bien sûr, les chiens tireront ça toute la journée », a dit un autre homme avec sarcasme.
"Certo, i cani tireranno così tutto il giorno", disse sarcasticamente un altro uomo.

« Bien sûr », répondit froidement Hal en saisissant le long mât du traîneau.
«Certamente», rispose Hal freddamente, afferrando il lungo timone della slitta.

D'une main sur le poteau, il faisait tournoyer le fouet dans l'autre.
Tenendo una mano sul palo, faceva roteare la frusta nell'altra.

« Allons-y ! » cria-t-il. « Allez ! » exhortant les chiens à démarrer.
"Andiamo!" urlò. "Muovetevi!", incitando i cani a partire.

Les chiens se sont penchés sur le harnais et ont tendu pendant quelques instants.
I cani si appoggiarono all'imbracatura e si sforzarono per qualche istante.

Puis ils s'arrêtèrent, incapables de déplacer d'un pouce le traîneau surchargé.
Poi si fermarono, incapaci di spostare di un centimetro la slitta sovraccarica.

« Ces brutes paresseuses ! » hurla Hal en levant le fouet pour les frapper.
"Quei fannulloni!" urlò Hal, alzando la frusta per colpirli.

Mais Mercedes s'est précipitée et a saisi le fouet des mains de Hal.
Ma Mercedes si precipitò dentro e strappò la frusta dalle mani di Hal.

« Oh, Hal, n'ose pas leur faire de mal », s'écria-t-elle, alarmée.

«Oh, Hal, non osare far loro del male», gridò allarmata.

« Promets-moi que tu seras gentil avec eux, sinon je n'irai pas plus loin. »

"Promettimi che sarai gentile con loro, altrimenti non farò un altro passo."

« Tu ne connais rien aux chiens », lança Hal à sa sœur.

"Non sai niente di cani", scattò Hal contro la sorella.

« Ils sont paresseux, et la seule façon de les déplacer est de les fouetter. »

"Sono pigri e l'unico modo per smuoverli è frustarli."

« Demandez à n'importe qui, demandez à l'un de ces hommes là-bas si vous doutez de moi. »

"Chiedi a chiunque, chiedi a uno di quegli uomini laggiù se dubiti di me."

Mercedes regarda les spectateurs avec des yeux suppliants et pleins de larmes.

Mercedes guardò gli astanti con occhi imploranti e pieni di lacrime.

Son visage montrait à quel point elle détestait la vue de la douleur.

Il suo viso rivelava quanto odiasse la vista di qualsiasi dolore.

« Ils sont faibles, c'est tout », dit un homme. « Ils sont épuisés. »

"Sono deboli, tutto qui", ha detto un uomo. "Sono sfiniti."

« Ils ont besoin de repos, ils ont travaillé trop longtemps sans pause. »

"Hanno bisogno di riposare: hanno lavorato troppo a lungo senza una pausa."

« Que le repos soit maudit », murmura Hal, la lèvre retroussée.

«Che il resto sia maledetto», borbottò Hal arricciando il labbro.

Mercedes haleta, clairement peinée par ce mot grossier de sa part.

Mercedes sussultò, visibilmente addolorata per le parole volgari pronunciate da lui.

Pourtant, elle est restée loyale et a immédiatement défendu son frère.
Ciononostante, lei rimase leale e difese immediatamente il fratello.
« Ne fais pas attention à cet homme », dit-elle à Hal. « Ce sont nos chiens. »
"Non badare a quell'uomo", disse ad Hal. "Sono i nostri cani."
« Vous les conduisez comme bon vous semble, faites ce que vous pensez être juste. »
"Li guidi come meglio credi: fai ciò che ritieni giusto."
Hal leva le fouet et frappa à nouveau les chiens sans pitié.
Hal sollevò la frusta e colpì di nuovo i cani senza pietà.
Ils se sont précipités en avant, le corps bas, les pieds poussant dans la neige.
Si lanciarono in avanti, con i corpi bassi e i piedi che affondavano nella neve.
Toutes leurs forces étaient utilisées pour tirer, mais le traîneau ne bougeait pas.
Tutta la loro forza era concentrata nel traino, ma la slitta non si muoveva.
Le traîneau est resté coincé, comme une ancre figée dans la neige tassée.
La slitta rimase bloccata, come un'ancora congelata nella neve compatta.
Après un deuxième effort, les chiens s'arrêtèrent à nouveau, haletants.
Dopo un secondo tentativo, i cani si fermarono di nuovo, ansimando forte.
Hal leva à nouveau le fouet, juste au moment où Mercedes intervenait à nouveau.
Hal sollevò di nuovo la frusta, proprio mentre Mercedes interferiva di nuovo.
Elle tomba à genoux devant Buck et lui serra le cou.
Si lasciò cadere in ginocchio davanti a Buck e gli abbracciò il collo.
Les larmes lui montèrent aux yeux tandis qu'elle suppliait le chien épuisé.

Le lacrime le riempivano gli occhi mentre implorava il cane esausto.

« Pauvres chéris », dit-elle, « pourquoi ne tirez-vous pas plus fort ? »

"Poveri cari", disse, "perché non tirate più forte?"

« Si tu tires, tu ne seras pas fouetté comme ça. »

"Se tiri, non verrai frustato così."

Buck n'aimait pas Mercedes, mais il était trop fatigué pour lui résister maintenant.

A Buck non piaceva Mercedes, ma ormai era troppo stanco per resisterle.

Il accepta ses larmes comme une simple partie de cette journée misérable.

Lui accettò le sue lacrime come se fossero solo un'altra parte di quella giornata miserabile.

L'un des hommes qui regardaient a finalement parlé après avoir retenu sa colère.

Uno degli uomini che osservavano, dopo aver represso la rabbia, finalmente parlò.

« Je me fiche de ce qui vous arrive, mais ces chiens comptent. »

"Non mi interessa cosa succede a voi, ma quei cani sono importanti."

« Si vous voulez aider, détachez ce traîneau, il est gelé dans la neige. »

"Se vuoi aiutare, stacca quella slitta: è ghiacciata e innevata."

« Appuyez fort sur la perche, à droite et à gauche, et brisez le sceau de glace. »

"Spingi con forza il palo della luce, a destra e a sinistra, e rompi il sigillo di ghiaccio."

Une troisième tentative a été faite, cette fois-ci suite à la suggestion de l'homme.

Fu fatto un terzo tentativo, questa volta seguendo il suggerimento dell'uomo.

Hal a balancé le traîneau d'un côté à l'autre, libérant les patins.

Hal fece oscillare la slitta da una parte all'altra, facendo staccare i pattini.
Le traîneau, bien que surchargé et maladroit, a finalement fait un bond en avant.
La slitta, benché sovraccarica e scomoda, alla fine sobbalzò in avanti.
Buck et les autres tiraient sauvagement, poussés par une tempête de coups de fouet.
Buck e gli altri tirarono selvaggiamente, spinti da una tempesta di frustate.
Une centaine de mètres plus loin, le sentier courbait et descendait en pente dans la rue.
Un centinaio di metri più avanti, il sentiero curvava e scendeva in pendenza verso la strada.
Il aurait fallu un conducteur expérimenté pour maintenir le traîneau droit.
Ci sarebbe voluto un guidatore esperto per tenere la slitta in posizione verticale.
Hal n'était pas habile et le traîneau a basculé en tournant dans le virage.
Hal non era abile e la slitta si ribaltò mentre svoltava.
Les sangles lâches ont cédé et la moitié de la charge s'est répandue sur la neige.
Le cinghie allentate cedettero e metà del carico si rovesciò sulla neve.
Les chiens ne s'arrêtèrent pas ; le traîneau le plus léger volait sur le côté.
I cani non si fermarono; la slitta più leggera continuò a procedere su un fianco.
En colère à cause des mauvais traitements et du lourd fardeau, les chiens couraient plus vite.
I cani, furiosi per i maltrattamenti e per il peso del carico, corsero più veloci.
Buck, furieux, s'est mis à courir, suivi par l'équipe.
Buck, infuriato, si lanciò a correre, seguito dalla squadra.
Hal a crié « Whoa ! Whoa ! » mais l'équipe ne lui a pas prêté attention.

Hal urlò "Whoa! Whoa!" ma la squadra non gli prestò attenzione.

Il a trébuché, est tombé et a été traîné au sol par le harnais.
Inciampò, cadde e fu trascinato a terra dall'imbracatura.

Le traîneau renversé l'a heurté tandis que les chiens couraient devant.
La slitta rovesciata lo travolse mentre i cani continuavano a correre avanti.

Le reste des fournitures est dispersé dans la rue animée de Skaguay.
Il resto delle provviste è sparso lungo la trafficata strada di Skaguay.

Des personnes au grand cœur se sont précipitées pour arrêter les chiens et rassembler le matériel.
Le persone di buon cuore si precipitarono a fermare i cani e a raccogliere l'attrezzatura.

Ils ont également donné des conseils, directs et pratiques, aux nouveaux voyageurs.
Diedero anche consigli schietti e pratici ai nuovi viaggiatori.

« Si vous voulez atteindre Dawson, prenez la moitié du chargement et doublez les chiens. »
"Se vuoi raggiungere Dawson, prendi metà del carico e raddoppia i cani."

Hal, Charles et Mercedes écoutaient, mais sans enthousiasme.
Hal, Charles e Mercedes ascoltarono, anche se non con entusiasmo.

Ils ont installé leur tente et ont commencé à trier leurs provisions.
Montarono la tenda e cominciarono a sistemare le loro provviste.

Des conserves sont sorties, ce qui a fait rire les spectateurs.
Ne uscirono dei cibi in scatola, che fecero ridere a crepapelle gli astanti.

« Des conserves sur le sentier ? Tu vas mourir de faim avant qu'elles ne fondent », a dit l'un d'eux.

"Roba in scatola sul sentiero? Morirai di fame prima che si sciolga", disse uno.
« Des couvertures d'hôtel ? Tu ferais mieux de toutes les jeter. »
"Coperte d'albergo? Meglio buttarle via tutte."
« Laissez tomber la tente aussi, et personne ne fait la vaisselle ici. »
"Togli anche la tenda e qui nessuno laverà più i piatti."
« Tu crois que tu voyages dans un train Pullman avec des domestiques à bord ? »
"Pensi di viaggiare su un treno Pullman con dei servitori a bordo?"
Le processus a commencé : chaque objet inutile a été jeté de côté.
Il processo ebbe inizio: ogni oggetto inutile venne gettato da parte.
Mercedes a pleuré lorsque ses sacs ont été vidés sur le sol enneigé.
Mercedes pianse quando le sue borse furono svuotate sul terreno innevato.
Elle sanglotait sur chaque objet jeté, un par un, sans pause.
Singhiozzava per ogni oggetto buttato via, uno per uno, senza sosta.
Elle jura de ne plus faire un pas de plus, même pas pendant dix Charles.
Giurò di non fare un altro passo, nemmeno per dieci Charles.
Elle a supplié chaque personne à proximité de la laisser garder ses objets précieux.
Pregò ogni persona vicina di lasciarle conservare le sue cose preziose.
Finalement, elle s'essuya les yeux et commença à jeter même les vêtements essentiels.
Alla fine si asciugò gli occhi e cominciò a gettare via anche i vestiti più importanti.
Une fois les siennes terminées, elle commença à vider les provisions des hommes.

Una volta terminato il suo, cominciò a svuotare le scorte degli uomini.

Comme un tourbillon, elle a déchiré les affaires de Charles et Hal.

Come un turbine, fece a pezzi gli effetti personali di Charles e Hal.

Même si la charge était réduite de moitié, elle était encore bien plus lourde que nécessaire.

Sebbene il carico fosse dimezzato, era comunque molto più pesante del necessario.

Cette nuit-là, Charles et Hal sont sortis et ont acheté six nouveaux chiens.

Quella notte, Charles e Hal uscirono e comprarono sei nuovi cani.

Ces nouveaux chiens ont rejoint les six originaux, plus Teek et Koona.

Questi nuovi cani si unirono ai sei originali, più Teek e Koona.

Ensemble, ils formaient une équipe de quatorze chiens attelés au traîneau.

Insieme formarono una squadra di quattordici cani attaccati alla slitta.

Mais les nouveaux chiens n'étaient pas aptes et mal entraînés au travail en traîneau.

Ma i nuovi cani erano inadatti e poco addestrati per il lavoro con la slitta.

Trois des chiens étaient des pointeurs à poil court et un était un Terre-Neuve.

Tre dei cani erano cani da caccia a pelo corto, mentre uno era un Terranova.

Les deux derniers chiens étaient des bâtards sans race ni objectif clairement définis.

Gli ultimi due cani erano meticci senza alcuna razza o scopo ben definito.

Ils n'ont pas compris le sentier et ne l'ont pas appris rapidement.

Non capivano il percorso e non lo imparavano in fretta.

Buck et ses compagnons les regardaient avec mépris et une profonde irritation.
Buck e i suoi compagni li osservavano con disprezzo e profonda irritazione.
Bien que Buck leur ait appris ce qu'il ne fallait pas faire, il ne pouvait pas leur enseigner le devoir.
Sebbene Buck insegnasse loro cosa non fare, non poteva insegnare loro il dovere.
Ils n'ont pas bien supporté la vie sur les sentiers ni la traction des rênes et des traîneaux.
Non amavano la vita sui sentieri né la trazione delle redini e delle slitte.
Seuls les bâtards essayaient de s'adapter, et même eux manquaient d'esprit combatif.
Soltanto i bastardi cercarono di adattarsi, e anche a loro mancava lo spirito combattivo.
Les autres chiens étaient confus, affaiblis et brisés par leur nouvelle vie.
Gli altri cani erano confusi, indeboliti e distrutti dalla loro nuova vita.
Les nouveaux chiens étant désemparés et les anciens épuisés, l'espoir était mince.
Con i nuovi cani all'oscuro e i vecchi esausti, la speranza era flebile.
L'équipe de Buck avait parcouru deux mille cinq cents kilomètres de sentiers difficiles.
La squadra di Buck aveva percorso duemilacinquecento miglia di sentiero accidentato.
Pourtant, les deux hommes étaient joyeux et fiers de leur grande équipe de chiens.
Ciononostante, i due uomini erano allegri e orgogliosi della loro grande squadra di cani.
Ils pensaient voyager avec style, avec quatorze chiens attelés.
Pensavano di viaggiare con stile, con quattordici cani al seguito.
Ils avaient vu des traîneaux partir pour Dawson, et d'autres en arriver.

Avevano visto delle slitte partire per Dawson e altre arrivarne.
Mais ils n'en avaient jamais vu un tiré par quatorze chiens.
Ma non ne avevano mai vista una trainata da ben quattordici cani.
Il y avait une raison pour laquelle de telles équipes étaient rares dans la nature sauvage de l'Arctique.
C'era un motivo per cui squadre del genere erano rare nelle terre selvagge dell'Artico.
Aucun traîneau ne pouvait transporter suffisamment de nourriture pour nourrir quatorze chiens pendant le voyage.
Nessuna slitta poteva trasportare cibo sufficiente a sfamare quattordici cani per l'intero viaggio.
Mais Charles et Hal ne le savaient pas : ils avaient fait le calcul.
Ma Charles e Hal non lo sapevano: avevano fatto i calcoli.
Ils ont planifié la nourriture : tant par chien, tant de jours, et c'est fait.
Hanno pianificato la razione di cibo: una certa quantità per cane, per un certo numero di giorni, fatta.
Mercedes regarda leurs chiffres et hocha la tête comme si cela avait du sens.
Mercedes guardò i numeri e annuì come se avessero senso.
Tout cela lui semblait très simple, du moins sur le papier.
Tutto le sembrava molto semplice, almeno sulla carta.

Le lendemain matin, Buck conduisit lentement l'équipe dans la rue enneigée.
La mattina seguente, Buck guidò lentamente la squadra lungo la strada innevata.
Il n'y avait aucune énergie ni aucun esprit en lui ou chez les chiens derrière lui.
Non c'era né energia né spirito in lui e nei cani dietro di lui.
Ils étaient épuisés dès le départ, il n'y avait plus de réserve.
Erano stanchi morti fin dall'inizio: non avevano più riserve.
Buck avait déjà effectué quatre voyages entre Salt Water et Dawson.
Buck aveva già fatto quattro viaggi tra Salt Water e Dawson.

Maintenant, confronté à nouveau à la même épreuve, il ne ressentait que de l'amertume.

Ora, di fronte alla stessa pista, non provava altro che amarezza.

Son cœur n'y était pas, ni celui des autres chiens.

Il suo cuore non c'era, e nemmeno quello degli altri cani.

Les nouveaux chiens étaient timides et les huskies manquaient totalement de confiance.

I nuovi cani erano timidi e gli husky non si fidavano per niente.

Buck sentait qu'il ne pouvait pas compter sur ces deux hommes ou sur leur sœur.

Buck capì che non poteva fare affidamento su quei due uomini o sulla loro sorella.

Ils ne savaient rien et ne montraient aucun signe d'apprentissage sur le sentier.

Non sapevano nulla e non mostravano alcun segno di apprendimento lungo il percorso.

Ils étaient désorganisés et manquaient de tout sens de la discipline.

Erano disorganizzati e privi di qualsiasi senso di disciplina.

Il leur fallait à chaque fois la moitié de la nuit pour monter un campement bâclé.

Ogni volta impiegavano metà della notte per allestire un accampamento malmesso.

Et ils passèrent la moitié de la matinée suivante à tâtonner à nouveau avec le traîneau.

E metà della mattina successiva la trascorsero di nuovo armeggiando con la slitta.

À midi, ils s'arrêtaient souvent juste pour réparer la charge inégale.

Spesso a mezzogiorno si fermavano solo per sistemare il carico irregolare.

Certains jours, ils parcouraient moins de dix milles au total.

In alcuni giorni percorsero meno di dieci miglia in totale.

D'autres jours, ils ne parvenaient pas du tout à quitter le camp.

Altri giorni non riuscivano proprio ad abbandonare l'accampamento.
Ils n'ont jamais réussi à couvrir la distance alimentaire prévue.
Non sono mai riusciti a coprire la distanza alimentare prevista.
Comme prévu, ils ont très vite manqué de nourriture pour les chiens.
Come previsto, il cibo per i cani finì molto presto.
Ils ont aggravé la situation en les suralimentant au début.
Nei primi tempi hanno peggiorato ulteriormente la situazione con l'eccesso di cibo.
À chaque ration négligée, la famine se rapprochait.
Ciò rendeva la carestia sempre più vicina, con ogni razione disattenta.
Les nouveaux chiens n'avaient pas appris à survivre avec très peu.
I nuovi cani non avevano ancora imparato a sopravvivere con molto poco.
Ils mangeaient avec faim, avec un appétit trop grand pour le sentier.
Mangiarono avidamente, con un appetito troppo grande per il sentiero.
Voyant les chiens s'affaiblir, Hal pensait que la nourriture n'était pas suffisante.
Vedendo i cani indebolirsi, Hal pensò che il cibo non fosse sufficiente.
Il a doublé les rations, rendant l'erreur encore pire.
Raddoppiò le razioni, peggiorando ulteriormente l'errore.
Mercedes a aggravé le problème avec ses larmes et ses douces supplications.
Mercedes aggravò il problema con le sue lacrime e le sue suppliche sommesse.
Comme elle n'arrivait pas à convaincre Hal, elle nourrissait les chiens en secret.
Quando non riuscì a convincere Hal, diede da mangiare ai cani di nascosto.

Elle a volé des sacs de poissons et les leur a donnés dans son dos.
Rubò il pesce dai sacchi e glielo diede alle spalle.
Mais ce dont les chiens avaient réellement besoin, ce n'était pas de plus de nourriture, mais de repos.
Ma ciò di cui i cani avevano veramente bisogno non era altro cibo: era riposo.
Ils progressaient mal, mais le lourd traîneau continuait à avancer.
Nonostante la loro scarsa velocità, la pesante slitta continuava a procedere.
Ce poids à lui seul épuisait chaque jour leurs forces restantes.
Quel peso da solo esauriva ogni giorno le loro forze rimanenti.
Puis vint l'étape de la sous-alimentation, les réserves s'épuisant.
Poi arrivò la fase della sottoalimentazione, quando le scorte scarseggiavano.
Un matin, Hal s'est rendu compte que la moitié de la nourriture pour chien avait déjà disparu.
Una mattina Hal si accorse che metà del cibo per cani era già finito.
Ils n'avaient parcouru qu'un quart de la distance totale du sentier.
Avevano percorso solo un quarto della distanza totale del sentiero.
On ne pouvait plus acheter de nourriture, quel que soit le prix proposé.
Non si poteva più comprare cibo, a qualunque prezzo.
Il a réduit les portions des chiens en dessous de la ration quotidienne standard.
Ridusse le porzioni dei cani al di sotto della razione giornaliera standard.
Dans le même temps, il a exigé des voyages plus longs pour compenser la perte.
Allo stesso tempo, chiese di viaggiare più a lungo per compensare la perdita.

Mercedes et Charles ont soutenu ce plan, mais ont échoué dans son exécution.
Mercedes e Charles appoggiarono questo piano, ma fallirono nella sua realizzazione.
Leur lourd traîneau et leur manque de compétences rendaient la progression presque impossible.
La loro pesante slitta e la mancanza di abilità rendevano il progresso quasi impossibile.
Il était facile de donner moins de nourriture, mais impossible de forcer plus d'efforts.
Era facile dare meno cibo, ma impossibile forzare uno sforzo maggiore.
Ils ne pouvaient pas commencer plus tôt, ni voyager pendant des heures supplémentaires.
Non potevano partire prima, né viaggiare per ore extra.
Ils ne savaient pas comment travailler les chiens, ni eux-mêmes d'ailleurs.
Non sapevano come gestire i cani, e nemmeno loro stessi, a dire il vero.
Le premier chien à mourir était Dub, le voleur malchanceux mais travailleur.
Il primo cane a morire fu Dub, lo sfortunato ma laborioso ladro.
Bien que souvent puni, Dub avait fait sa part sans se plaindre.
Sebbene spesso punito, Dub aveva fatto la sua parte senza lamentarsi.
Son épaule blessée s'est aggravée sans qu'il soit nécessaire de prendre soin de lui et de se reposer.
La sua spalla ferita peggiorò se non ricevette cure adeguate e non ebbe bisogno di riposo.
Finalement, Hal a utilisé le revolver pour mettre fin aux souffrances de Dub.
Alla fine, Hal usò la pistola per porre fine alle sofferenze di Dub.
Un dicton courant dit que les chiens normaux meurent à cause des rations de husky.

Un detto comune afferma che i cani normali muoiono se vengono nutriti con razioni di husky.
Les six nouveaux compagnons de Buck n'avaient que la moitié de la part de nourriture du husky.
I sei nuovi compagni di Buck avevano ricevuto solo metà della quota di cibo riservata all'husky.
Le Terre-Neuve est mort en premier, puis les trois braques à poil court.
Il Terranova morì per primo, seguito dai tre cani da caccia a pelo corto.
Les deux bâtards résistèrent plus longtemps mais finirent par périr comme les autres.
I due bastardi resistettero più a lungo ma alla fine morirono come gli altri.
À cette époque, toutes les commodités et la douceur du Southland avaient disparu.
Ormai tutti i comfort e la gentilezza del Southland erano scomparsi.
Les trois personnes avaient perdu les dernières traces de leur éducation civilisée.
Le tre persone avevano perso le ultime tracce della loro educazione civile.
Dépouillé de glamour et de romantisme, le voyage dans l'Arctique est devenu brutalement réel.
Spogliato di glamour e romanticismo, il viaggio nell'Artico è diventato brutalmente reale.
C'était une réalité trop dure pour leur sens de la virilité et de la féminité.
Era una realtà troppo dura per il loro senso di virilità e femminilità.
Mercedes ne pleurait plus pour les chiens, mais maintenant elle pleurait seulement pour elle-même.
Mercedes non piangeva più per i cani, ma piangeva solo per se stessa.
Elle passait son temps à pleurer et à se disputer avec Hal et Charles.
Trascorreva il tempo piangendo e litigando con Hal e Charles.

Se disputer était la seule chose qu'ils n'étaient jamais trop fatigués de faire.
Litigare era l'unica cosa per cui non si stancavano mai.

Leur irritabilité provenait de la misère, grandissait avec elle et la surpassait.
La loro irritabilità derivava dalla miseria, cresceva con essa e la superava.

La patience du sentier, connue de ceux qui peinent et souffrent avec bienveillance, n'est jamais venue.
La pazienza del cammino, nota a coloro che faticano e soffrono con generosità, non è mai arrivata.

Cette patience, qui garde la parole douce malgré la douleur, leur était inconnue.
Quella pazienza che rende dolce la parola nonostante il dolore, era a loro sconosciuta.

Ils n'avaient aucune trace de patience, aucune force tirée de la souffrance avec grâce.
Non avevano alcun briciolo di pazienza, nessuna forza derivante dalla sofferenza con grazia.

Ils étaient raides de douleur : leurs muscles, leurs os et leur cœur étaient douloureux.
Erano irrigiditi dal dolore: dolori nei muscoli, nelle ossa e nel cuore.

À cause de cela, ils devinrent acerbes et prompts à prononcer des paroles dures.
Per questo motivo, divennero taglienti nella lingua e pronti a pronunciare parole dure.

Chaque jour commençait et se terminait par des voix en colère et des plaintes amères.
Ogni giorno iniziava e finiva con voci arrabbiate e lamentele amare.

Charles et Hal se disputaient chaque fois que Mercedes leur en donnait l'occasion.
Charles e Hal litigavano ogni volta che Mercedes ne dava loro l'occasione.

Chaque homme estimait avoir fait plus que sa juste part du travail.

Ogni uomo credeva di aver fatto più del dovuto.
Aucun des deux n'a jamais manqué une occasion de le dire, encore et encore.
Nessuno dei due ha mai perso l'occasione di dirlo, ancora e ancora.
Parfois, Mercedes se rangeait du côté de Charles, parfois du côté de Hal.
A volte Mercedes si schierava con Charles, a volte con Hal.
Cela a conduit à une grande et interminable querelle entre les trois.
Ciò portò a una grande e infinita lite tra i tre.
Une dispute sur la question de savoir qui devait couper le bois de chauffage est devenue incontrôlable.
La disputa su chi dovesse tagliare la legna da ardere divenne incontrollabile.
Bientôt, les pères, les mères, les cousins et les parents décédés ont été nommés.
Ben presto vennero nominati padri, madri, cugini e parenti defunti.
Les opinions de Hal sur l'art ou les pièces de son oncle sont devenues partie intégrante du combat.
Le opinioni di Hal sull'arte o sulle opere teatrali di suo zio divennero parte della lotta.
Les convictions politiques de Charles sont également entrées dans le débat.
Anche le convinzioni politiche di Carlo entrarono nel dibattito.
Pour Mercedes, même les ragots de la sœur de son mari semblaient pertinents.
Per Mercedes, perfino i pettegolezzi della sorella del marito sembravano rilevanti.
Elle a exprimé son opinion sur ce sujet et sur de nombreux défauts de la famille de Charles.
Espresse la sua opinione su questo e su molti dei difetti della famiglia di Charles.
Pendant qu'ils se disputaient, le feu restait éteint et le camp à moitié monté.

Mentre discutevano, il fuoco rimase spento e l'accampamento mezzo allestito.

Pendant ce temps, les chiens restaient froids et sans nourriture.

Nel frattempo i cani erano rimasti infreddoliti e senza cibo.

Mercedes avait un grief qu'elle considérait comme profondément personnel.

Mercedes nutriva un risentimento che considerava profondamente personale.

Elle se sentait maltraitée en tant que femme, privée de ses doux privilèges.

Si sentiva maltrattata in quanto donna e le venivano negati i suoi gentili privilegi.

Elle était jolie et douce, et habituée à la chevalerie toute sa vie.

Era carina e gentile, e per tutta la vita era stata abituata alla cavalleria.

Mais son mari et son frère la traitaient désormais avec impatience.

Ma suo marito e suo fratello ora la trattavano con impazienza.

Elle avait pour habitude d'agir comme si elle était impuissante, et ils commencèrent à se plaindre.

Aveva l'abitudine di comportarsi in modo impotente e loro cominciarono a lamentarsi.

Offensée par cela, elle leur rendit la vie encore plus difficile.

Offesa da ciò, rese loro la vita ancora più difficile.

Elle a ignoré les chiens et a insisté pour conduire elle-même le traîneau.

Ignorò i cani e insistette per guidare lei stessa la slitta.

Bien que légère en apparence, elle pesait cent vingt livres.

Sebbene sembrasse esile, pesava centoventi libbre (circa quaranta chili).

Ce fardeau supplémentaire était trop lourd pour les chiens affamés et faibles.

Quel peso aggiuntivo era troppo per i cani affamati e deboli.

Elle a continué à monter pendant des jours, jusqu'à ce que les chiens s'effondrent sous les rênes.

Nonostante ciò, continuò a cavalcare per giorni, finché i cani non crollarono nelle redini.

Le traîneau s'arrêta et Charles et Hal la supplièrent de marcher.
La slitta si fermò e Charles e Hal la implorarono di proseguire a piedi.

Ils la supplièrent et la supplièrent, mais elle pleura et les traita de cruels.
Loro la implorarono e la scongiurarono, ma lei pianse e li definì crudeli.

À une occasion, ils l'ont tirée du traîneau avec force et colère.
In un'occasione, la tirarono giù dalla slitta con pura forza e rabbia.

Ils n'ont plus jamais essayé après ce qui s'est passé cette fois-là.
Dopo quello che accadde quella volta non ci riprovarono più.

Elle devint molle comme un enfant gâté et s'assit dans la neige.
Si accasciò come una bambina viziata e si sedette nella neve.

Ils continuèrent leur chemin, mais elle refusa de se lever ou de les suivre.
Continuarono a muoversi, ma lei si rifiutò di alzarsi o di seguirli.

Après trois milles, ils s'arrêtèrent, revinrent et la ramenèrent.
Dopo tre miglia si fermarono, tornarono indietro e la riportarono indietro.

Ils l'ont rechargée sur le traîneau, en utilisant encore une fois la force brute.
La ricaricarono sulla slitta, usando ancora una volta la forza bruta.

Dans leur profonde misère, ils étaient insensibles à la souffrance des chiens.
Nella loro profonda miseria, erano insensibili alla sofferenza dei cani.

Hal croyait qu'il fallait s'endurcir et il a imposé cette croyance aux autres.

Hal credeva che fosse necessario indurirsi e impose questa convinzione agli altri.

Il a d'abord essayé de prêcher sa philosophie à sa sœur

Inizialmente ha cercato di predicare la sua filosofia a sua sorella

et puis, sans succès, il prêcha à son beau-frère.

e poi, senza successo, predicò al cognato.

Il a eu plus de succès avec les chiens, mais seulement parce qu'il leur a fait du mal.

Ebbe più successo con i cani, ma solo perché li ferì.

Chez Five Fingers, la nourriture pour chiens est complètement épuisée.

Da Five Fingers, il cibo per cani è rimasto completamente vuoto.

Une vieille squaw édentée a vendu quelques kilos de peau de cheval congelée

Una vecchia squaw sdentata vendette qualche chilo di pelle di cavallo congelata

Hal a échangé son revolver contre la peau de cheval séchée.

Hal scambiò la sua pistola con la pelle di cavallo secca.

La viande provenait de chevaux affamés d'éleveurs de bétail des mois auparavant.

La carne proveniva dai cavalli affamati di allevatori di bovini, morti mesi prima.

Gelée, la peau était comme du fer galvanisé ; dure et immangeable.

Congelata, la pelle era come ferro zincato: dura e immangiabile.

Les chiens devaient mâcher la peau sans fin pour la manger.

Per riuscire a mangiarla, i cani dovevano masticare la pelle senza sosta.

Mais les cordes en cuir et les cheveux courts n'étaient guère une nourriture.

Ma le corde coriacee e i peli corti non erano certo un nutrimento.

La majeure partie de la peau était irritante et ne constituait pas véritablement de la nourriture.

La maggior parte della pelle era irritante e non era cibo in senso stretto.

Et pendant tout ce temps, Buck titubait en tête, comme dans un cauchemar.

E nonostante tutto, Buck barcollava davanti a tutti, come in un incubo.

Il tirait quand il le pouvait ; quand il ne le pouvait pas, il restait allongé jusqu'à ce qu'un fouet ou un gourdin le relève.

Quando poteva, tirava; quando non poteva, restava lì finché non veniva sollevato dalla frusta o dal bastone.

Son pelage fin et brillant avait perdu toute sa rigidité et son éclat d'autrefois.

Il suo pelo fine e lucido aveva perso tutta la rigidità e la lucentezza di un tempo.

Ses cheveux pendaient, mous, en bataille et coagulés par le sang séché des coups.

I suoi capelli erano flosci, spettinati e pieni di sangue rappreso a causa dei colpi.

Ses muscles se sont réduits à l'état de cordes et ses coussinets de chair étaient tous usés.

I suoi muscoli si ridussero a midolli e i cuscinetti di carne erano tutti consumati.

Chaque côte, chaque os apparaissait clairement à travers les plis de la peau ridée.

Ogni costola, ogni osso erano chiaramente visibili attraverso le pieghe della pelle rugosa.

C'était déchirant, mais le cœur de Buck ne pouvait pas se briser.

Fu straziante, ma il cuore di Buck non riuscì a spezzarsi.

L'homme au pull rouge avait testé cela et l'avait prouvé il y a longtemps.

L'uomo con il maglione rosso lo aveva testato e dimostrato molto tempo prima.

Comme ce fut le cas pour Buck, ce fut le cas pour tous ses coéquipiers restants.

Così come accadde a Buck, accadde anche a tutti i suoi compagni di squadra rimasti.

Il y en avait sept au total, chacun étant un squelette ambulant de misère.

Ce n'erano sette in totale, ognuno uno scheletro ambulante di miseria.

Ils étaient devenus insensibles au fouet, ne ressentant qu'une douleur lointaine.

Erano diventati insensibili alle fruste e sentivano solo un dolore distante.

Même la vue et le son leur parvenaient faiblement, comme à travers un épais brouillard.

Anche la vista e i suoni li raggiungevano debolmente, come attraverso una fitta nebbia.

Ils n'étaient pas à moitié vivants : c'étaient des os avec de faibles étincelles à l'intérieur.

Non erano mezzi vivi: erano ossa con deboli scintille al loro interno.

Lorsqu'ils s'arrêtèrent, ils s'effondrèrent comme des cadavres, leurs étincelles presque éteintes.

Una volta fermati, crollarono come cadaveri, con le scintille quasi del tutto spente.

Et lorsque le fouet ou le gourdin frappaient à nouveau, les étincelles voltigeaient faiblement.

E quando la frusta o il bastone colpivano di nuovo, le scintille sfarfallavano debolmente.

Puis ils se levèrent, titubèrent en avant et traînèrent leurs membres en avant.

Poi si alzarono, barcollarono in avanti e trascinarono le loro membra in avanti.

Un jour, le gentil Billee tomba et ne put plus se relever du tout.

Un giorno il gentile Billee cadde e non riuscì più a rialzarsi.

Hal avait échangé son revolver, alors il a utilisé une hache pour tuer Billee à la place.

Hal aveva scambiato la sua pistola con quella di Billee, così decise di ucciderla con un'ascia.

Il le frappa à la tête, puis lui coupa le corps et le traîna.
Lo colpì alla testa, poi gli tagliò il corpo e lo trascinò via.
Buck vit cela, et les autres aussi ; ils savaient que la mort était proche.
Buck se ne accorse, e così fecero anche gli altri: sapevano che la morte era vicina.
Le lendemain, Koona partit, ne laissant que cinq chiens dans l'équipe affamée.
Il giorno dopo Koona se ne andò, lasciando solo cinque cani nel gruppo affamato.
Joe, qui n'était plus méchant, était trop loin pour se rendre compte de quoi que ce soit.
Joe, non più cattivo, era ormai troppo fuori di sé per rendersi conto di nulla.
Pike, ne faisant plus semblant d'être blessé, était à peine conscient.
Pike, ormai non fingeva più di essere ferito, era appena cosciente.
Solleks, toujours fidèle, se lamentait de ne plus avoir de force à donner.
Solleks, ancora fedele, si rammaricava di non avere più la forza di dare.
Teek a été le plus battu parce qu'il était plus frais, mais qu'il s'estompait rapidement.
Teek fu battuto più di tutti perché era più fresco, ma stava calando rapidamente.
Et Buck, toujours en tête, ne maintenait plus l'ordre ni ne le faisait respecter.
E Buck, ancora in testa, non mantenne più l'ordine né lo fece rispettare.
À moitié aveugle à cause de sa faiblesse, Buck suivit la piste au toucher seul.
Mezzo accecato dalla debolezza, Buck seguì la pista solo a tentoni.
C'était un beau temps printanier, mais aucun d'entre eux ne l'a remarqué.

Era una bellissima primavera, ma nessuno di loro se ne accorse.

Chaque jour, le soleil se levait plus tôt et se couchait plus tard qu'avant.

Ogni giorno il sole sorgeva prima e tramontava più tardi.

À trois heures du matin, l'aube était arrivée ; le crépuscule durait jusqu'à neuf heures.

Alle tre del mattino era già spuntata l'alba; il crepuscolo durò fino alle nove.

Les longues journées étaient remplies du plein soleil printanier.

Le lunghe giornate erano illuminate dal sole primaverile.

Le silence fantomatique de l'hiver s'était transformé en un murmure chaleureux.

Il silenzio spettrale dell'inverno si era trasformato in un caldo mormorio.

Toute la terre s'éveillait, animée par la joie des êtres vivants.

Tutta la terra si stava svegliando, animata dalla gioia degli esseri viventi.

Le bruit provenait de ce qui était resté mort et immobile pendant l'hiver.

Il suono proveniva da ciò che era rimasto morto e immobile per tutto l'inverno.

Maintenant, ces choses bougeaient à nouveau, secouant le long sommeil de gel.

Ora quelle cose si mossero di nuovo, scrollandosi di dosso il lungo sonno del gelo.

La sève montait à travers les troncs sombres des pins en attente.

La linfa saliva attraverso i tronchi scuri dei pini in attesa.

Les saules et les trembles font apparaître de jeunes bourgeons brillants sur chaque brindille.

Salici e pioppi tremuli fanno sbocciare giovani gemme luminose su ogni ramoscello.

Les arbustes et les vignes se parent d'un vert frais tandis que les bois prennent vie.

Arbusti e viti si tingono di un verde fresco mentre il bosco si anima.
Les grillons chantaient la nuit et les insectes rampaient au soleil.
Di notte i grilli cantavano e di giorno gli insetti strisciavano nella luce del sole.
Les perdrix résonnaient et les pics frappaient profondément dans les arbres.
Le pernici gridavano e i picchi picchiavano in profondità tra gli alberi.
Les écureuils bavardaient, les oiseaux chantaient et les oies klaxonnaient au-dessus des chiens.
Gli scoiattoli chiacchieravano, gli uccelli cantavano e le oche starnazzavano per richiamare l'attenzione dei cani.
Les oiseaux sauvages arrivaient en groupes serrés, volant vers le haut depuis le sud.
Gli uccelli selvatici arrivavano a cunei affilati, volando in alto da sud.
De chaque colline venait la musique des ruisseaux cachés et impétueux.
Da ogni pendio giungeva la musica di ruscelli nascosti e impetuosi.
Toutes choses ont dégelé et se sont brisées, se sont pliées et ont repris leur mouvement.
Tutto si scongelava e si spezzava, si piegava e ricominciava a muoversi.
Le Yukon s'efforçait de briser les chaînes de froid de la glace gelée.
Lo Yukon si sforzò di spezzare le fredde catene del ghiaccio ghiacciato.
La glace fondait en dessous, tandis que le soleil la faisait fondre par le dessus.
Il ghiaccio si scioglieva sotto, mentre il sole lo scioglieva dall'alto.
Des trous d'aération se sont ouverts, des fissures se sont propagées et des morceaux sont tombés dans la rivière.

Si aprirono dei buchi, si allargarono delle crepe e dei pezzi caddero nel fiume.
Au milieu de toute cette vie débordante et flamboyante, les voyageurs titubaient.
In mezzo a tutta questa vita sfrenata e sfrenata, i viaggiatori barcollavano.
Deux hommes, une femme et une meute de huskies marchaient comme des morts.
Due uomini, una donna e un branco di husky camminavano come morti.
Les chiens tombaient, Mercedes pleurait, mais continuait à conduire le traîneau.
I cani cadevano, Mercedes piangeva, ma continuava a guidare la slitta.
Hal jura faiblement et Charles cligna des yeux à travers ses yeux larmoyants.
Hal imprecò debolmente e Charles sbatté le palpebre con gli occhi lacrimanti.
Ils tombèrent sur le camp de John Thornton à l'embouchure de la rivière White.
Si imbatterono nell'accampamento di John Thornton, nei pressi della foce del White River.
Lorsqu'ils s'arrêtèrent, les chiens s'effondrèrent, comme s'ils étaient tous morts.
Quando si fermarono, i cani caddero a terra, come se fossero stati tutti colpiti a morte.
Mercedes essuya ses larmes et regarda John Thornton.
Mercedes si asciugò le lacrime e guardò John Thornton.
Charles s'assit sur une bûche, lentement et raidement, souffrant du sentier.
Charles si sedette su un tronco, lentamente e rigidamente, dolorante per il sentiero.
Hal parlait pendant que Thornton sculptait l'extrémité d'un manche de hache.
Hal parlava mentre Thornton intagliava l'estremità del manico di un'ascia.

Il taillait du bois de bouleau et répondait par des réponses brèves et fermes.
Tagliò il legno di betulla e rispose con frasi brevi e decise.

Lorsqu'on lui a demandé son avis, il a donné des conseils, certain qu'ils ne seraient pas suivis.
Quando gli veniva chiesto, dava un consiglio, certo che non sarebbe stato seguito.

Hal a expliqué : « Ils nous ont dit que la glace du sentier disparaissait. »
Hal spiegò: "Ci avevano detto che il ghiaccio lungo la pista si stava staccando".

« Ils ont dit que nous devions rester sur place, mais nous sommes arrivés à White River. »
"Ci avevano detto che dovevamo restare fermi, ma siamo arrivati a White River."

Il a terminé sur un ton moqueur, comme pour crier victoire dans les difficultés.
Concluse con un tono beffardo, come per cantare vittoria nelle difficoltà.

« Et ils t'ont dit la vérité », répondit doucement John Thornton à Hal.
"E ti hanno detto la verità", rispose John Thornton a bassa voce ad Hal.

« La glace peut céder à tout moment, elle est prête à tomber. »
"Il ghiaccio potrebbe cedere da un momento all'altro: è pronto a staccarsi."

« Seuls un peu de chance et des imbéciles ont pu arriver jusqu'ici en vie. »
"Solo la fortuna cieca e gli sciocchi avrebbero potuto arrivare vivi fin qui."

« Je vous le dis franchement, je ne risquerais pas ma vie pour tout l'or de l'Alaska. »
"Te lo dico senza mezzi termini: non rischierei la vita per tutto l'oro dell'Alaska."

« C'est parce que tu n'es pas un imbécile, je suppose », répondit Hal.

"Immagino che tu non sia uno stupido", rispose Hal.
« **Tout de même, nous irons à Dawson.** » **Il déroula son fouet.**
"Comunque, andiamo avanti con Dawson." Srotolò la frusta.
« **Monte là-haut, Buck ! Salut ! Debout ! Vas-y !** » **cria-t-il durement.**
"Sali, Buck! Ehi! Alzati! Forza!" urlò con voce roca.
Thornton continuait à tailler, sachant que les imbéciles n'entendraient pas la raison.
Thornton continuò a intagliare, sapendo che gli sciocchi non volevano sentire ragioni.
Arrêter un imbécile était futile, et deux ou trois imbéciles ne changeaient rien.
Fermare uno stupido era inutile, e due o tre stupidi non cambiavano nulla.
Mais l'équipe n'a pas bougé au son de l'ordre de Hal.
Ma la squadra non si mosse al suono del comando di Hal.
Désormais, seuls les coups pouvaient les faire se relever et avancer.
Ormai solo i colpi potevano farli sollevare e avanzare.
Le fouet claquait encore et encore sur les chiens affaiblis.
La frusta schioccava ripetutamente sui cani indeboliti.
John Thornton serra fermement ses lèvres et regarda en silence.
John Thornton strinse forte le labbra e osservò in silenzio.
Solleks fut le premier à se relever sous le fouet.
Solleks fu il primo a rialzarsi sotto la frusta.
Puis Teek le suivit, tremblant. Joe poussa un cri en se relevant.
Poi Teek lo seguì, tremando. Joe urlò mentre barcollava.
Pike a essayé de se relever, a échoué deux fois, puis est finalement resté debout, chancelant.
Pike cercò di alzarsi, fallì due volte, poi alla fine si rialzò barcollando.
Mais Buck resta là où il était tombé, sans bouger du tout cette fois.
Ma Buck rimase lì dov'era caduto, senza muoversi affatto.

Le fouet le frappait à plusieurs reprises, mais il ne faisait aucun bruit.
La frusta lo colpì più volte, ma lui non emise alcun suono.
Il n'a pas bronché ni résisté, il est simplement resté immobile et silencieux.
Lui non sussultò né oppose resistenza, rimase semplicemente immobile e in silenzio.
Thornton remua plus d'une fois, comme pour parler, mais ne le fit pas.
Thornton si mosse più di una volta, come per dire qualcosa, ma non lo fece.
Ses yeux s'humidifièrent, et le fouet continuait à claquer contre Buck.
I suoi occhi si inumidirono, ma la frusta continuava a schioccare contro Buck.
Finalement, Thornton commença à marcher lentement, ne sachant pas quoi faire.
Alla fine Thornton cominciò a camminare lentamente, incerto sul da farsi.
C'était la première fois que Buck échouait, et Hal devint furieux.
Era la prima volta che Buck falliva e Hal si infuriò.
Il a jeté le fouet et a pris la lourde massue à la place.
Gettò via la frusta e prese al suo posto il pesante manganello.
Le gourdin en bois s'abattit violemment, mais Buck ne se releva toujours pas pour bouger.
La mazza di legno colpì con violenza, ma Buck non si alzò per muoversi.
Comme ses coéquipiers, il était trop faible, mais plus que cela.
Come i suoi compagni di squadra, era troppo debole, ma non solo.
Buck avait décidé de ne pas bouger, quoi qu'il arrive.
Buck aveva deciso di non muoversi, qualunque cosa accadesse.
Il sentait quelque chose de sombre et de certain planer juste devant lui.

Sentì qualcosa di oscuro e sicuro incombere proprio davanti a sé.

Cette peur l'avait saisi dès qu'il avait atteint la rive du fleuve.
Quel terrore lo aveva colto non appena aveva raggiunto la riva del fiume.

Cette sensation ne l'avait pas quitté depuis qu'il sentait la glace s'amincir sous ses pattes.
Quella sensazione non lo aveva abbandonato da quando aveva sentito il ghiaccio assottigliarsi sotto le zampe.

Quelque chose de terrible l'attendait – il le sentait juste au bout du sentier.
Qualcosa di terribile lo stava aspettando: lo sentiva proprio lungo il sentiero.

Il n'allait pas marcher vers cette terrible chose devant lui.
Non avrebbe camminato verso quella cosa terribile davanti a lui

Il n'allait pas obéir à un quelconque ordre qui le conduirait à cette chose.
Non avrebbe obbedito a nessun ordine che lo avrebbe condotto a quella cosa.

La douleur des coups ne l'atteignait plus guère, il était trop loin.
Ormai il dolore dei colpi non lo sfiorava più: era troppo stanco.

L'étincelle de vie vacillait faiblement, s'affaiblissant sous chaque coup cruel.
La scintilla della vita tremolava lentamente, affievolita da ogni colpo crudele.

Ses membres semblaient lointains ; tout son corps semblait appartenir à un autre.
Gli arti gli sembravano distanti; tutto il corpo sembrava appartenere a un altro.

Il ressentit un étrange engourdissement alors que la douleur disparaissait complètement.
Sentì uno strano torpore mentre il dolore scompariva completamente.

De loin, il sentait qu'il était battu, mais il le savait à peine.
Da lontano, sentiva che lo stavano picchiando, ma non se ne rendeva conto.

Il pouvait entendre les coups sourds faiblement, mais ils ne faisaient plus vraiment mal.
Poteva udire debolmente i tonfi, ma ormai non gli facevano più male.

Les coups ont porté, mais son corps ne semblait plus être le sien.
I colpi andarono a segno, ma il suo corpo non sembrava più il suo.

Puis, soudain, sans prévenir, John Thornton poussa un cri sauvage.
Poi, all'improvviso, senza alcun preavviso, John Thornton lanciò un grido selvaggio.

C'était inarticulé, plus le cri d'une bête que celui d'un homme.
Era inarticolato, più il grido di una bestia che di un uomo.

Il sauta sur l'homme avec la massue et renversa Hal en arrière.
Si lanciò sull'uomo con la mazza e fece cadere Hal all'indietro.

Hal vola comme s'il avait été frappé par un arbre, atterrissant durement sur le sol.
Hal volò come se fosse stato colpito da un albero, atterrando pesantemente al suolo.

Mercedes a crié de panique et s'est agrippée au visage.
Mercedes urlò a gran voce in preda al panico e si portò le mani al viso.

Charles se contenta de regarder, s'essuya les yeux et resta assis.
Charles si limitò a guardare, si asciugò gli occhi e rimase seduto.

Son corps était trop raide à cause de la douleur pour se lever ou aider au combat.
Il suo corpo era troppo irrigidito dal dolore per alzarsi o contribuire alla lotta.

Thornton se tenait au-dessus de Buck, tremblant de fureur, incapable de parler.
Thornton era in piedi davanti a Buck, tremante di rabbia, incapace di parlare.
Il tremblait de rage et luttait pour trouver sa voix à travers elle.
Tremava di rabbia e lottò per trovare la voce.
« Si tu frappes encore ce chien, je te tue », dit-il finalement.
"Se colpisci ancora quel cane, ti uccido", disse infine.
Hal essuya le sang de sa bouche et s'avança à nouveau.
Hal si asciugò il sangue dalla bocca e tornò avanti.
« C'est mon chien », murmura-t-il. « Dégage, ou je te répare. »
"È il mio cane", borbottò. "Togliti di mezzo o ti sistemo io."
« Je vais à Dawson, et vous ne m'en empêcherez pas », a-t-il ajouté.
"Vado da Dawson e tu non mi fermerai", ha aggiunto.
Thornton se tenait fermement entre Buck et le jeune homme en colère.
Thornton si fermò tra Buck e il giovane arrabbiato.
Il n'avait aucune intention de s'écarter ou de laisser passer Hal.
Non aveva alcuna intenzione di farsi da parte o di lasciar passare Hal.
Hal sortit son couteau de chasse, long et dangereux à la main.
Hal tirò fuori il suo coltello da caccia, lungo e pericoloso nella sua mano.
Mercedes a crié, puis pleuré, puis ri dans une hystérie sauvage.
Mercedes urlò, poi pianse, poi rise in preda a un'isteria selvaggia.
Thornton frappa la main de Hal avec le manche de sa hache, fort et vite.
Thornton colpì la mano di Hal con il manico dell'ascia, con forza e rapidità.
Le couteau s'est détaché de la main de Hal et a volé au sol.

Il coltello si liberò dalla presa di Hal e volò a terra.
Hal essaya de ramasser le couteau, et Thornton frappa à nouveau ses jointures.
Hal cercò di raccogliere il coltello, ma Thornton gli batté di nuovo le nocche.
Thornton se baissa alors, attrapa le couteau et le tint.
Poi Thornton si chinò, afferrò il coltello e lo tenne fermo.
D'un coup rapide de manche de hache, il coupa les rênes de Buck.
Con due rapidi colpi del manico dell'ascia, tagliò le redini di Buck.
Hal n'avait plus aucune résistance et s'éloigna du chien.
Hal non aveva più voglia di combattere e si allontanò dal cane.
De plus, Mercedes avait désormais besoin de ses deux bras pour se maintenir debout.
Inoltre, ora Mercedes aveva bisogno di entrambe le braccia per restare in piedi.
Buck était trop proche de la mort pour pouvoir à nouveau tirer un traîneau.
Buck era troppo vicino alla morte per poter nuovamente tirare la slitta.
Quelques minutes plus tard, ils se sont retirés et ont descendu la rivière.
Pochi minuti dopo, ripartirono, dirigendosi verso il fiume.
Buck leva faiblement la tête et les regarda quitter la banque.
Buck sollevò debolmente la testa e li guardò lasciare la banca.
Pike a mené l'équipe, avec Solleks à l'arrière dans la roue.
Pike guidava la squadra, con Solleks dietro al volante.
Joe et Teek marchaient entre eux, tous deux boitant d'épuisement.
Joe e Teek camminavano in mezzo, zoppicando entrambi per la stanchezza.
Mercedes s'assit sur le traîneau et Hal saisit le long mât.
Mercedes si sedette sulla slitta e Hal afferrò la lunga pertica.
Charles trébuchait derrière, ses pas maladroits et incertains.
Charles barcollava dietro di lui, con passi goffi e incerti.

Thornton s'agenouilla près de Buck et chercha doucement des os cassés.
Thornton si inginocchiò accanto a Buck e tastò delicatamente per vedere se aveva ossa rotte.
Ses mains étaient rudes mais bougeaient avec gentillesse et attention.
Le sue mani erano ruvide, ma si muovevano con gentilezza e cura.
Le corps de Buck était meurtri mais ne présentait aucune blessure durable.
Il corpo di Buck era pieno di lividi, ma non presentava lesioni permanenti.
Ce qui restait, c'était une faim terrible et une faiblesse quasi totale.
Ciò che restava era una fame terribile e una debolezza quasi totale.
Au moment où cela fut clair, le traîneau était déjà loin en aval.
Quando la situazione fu più chiara, la slitta era già andata molto a valle.
L'homme et le chien regardaient le traîneau ramper lentement sur la glace fissurée.
L'uomo e il cane osservavano la slitta avanzare lentamente sul ghiaccio che si rompeva.
Puis, ils virent le traîneau s'enfoncer dans un creux.
Poi videro la slitta sprofondare in una cavità.
Le mât s'est envolé, Hal s'y accrochant toujours en vain.
La pertica volò in alto, ma Hal vi si aggrappò ancora invano.
Le cri de Mercedes les atteignit à travers la distance froide.
L'urlo di Mercedes li raggiunse attraverso la fredda distanza.
Charles se retourna et recula, mais il était trop tard.
Charles si voltò e fece un passo indietro, ma era troppo tardi.
Une calotte glaciaire entière a cédé et ils sont tous tombés à travers.
Un'intera calotta di ghiaccio cedette e tutti precipitarono.
Les chiens, le traîneau et les gens ont disparu dans l'eau noire en contrebas.

Cani, slitte e persone scomparvero nelle acque nere sottostanti.
Il ne restait qu'un large trou dans la glace là où ils étaient passés.
Nel punto in cui erano passati era rimasto solo un largo buco nel ghiaccio.
Le fond du sentier s'était affaissé, comme Thornton l'avait prévenu.
Il fondo del sentiero era crollato, proprio come aveva previsto Thornton.
Thornton et Buck se regardèrent, silencieux pendant un moment.
Thornton e Buck si guardarono l'un l'altro, in silenzio per un momento.
« Pauvre diable », dit doucement Thornton, et Buck lui lécha la main.
"Povero diavolo", disse Thornton dolcemente, e Buck gli leccò la mano.

Pour l'amour d'un homme
Per amore di un uomo

John Thornton s'est gelé les pieds dans le froid du mois de décembre précédent.
John Thornton si congelò i piedi per il freddo del dicembre precedente.
Ses partenaires l'ont mis à l'aise et l'ont laissé se rétablir seul.
I suoi compagni lo fecero sentire a suo agio e lo lasciarono guarire da solo.
Ils remontèrent la rivière pour rassembler un radeau de billes de bois pour Dawson.
Risalirono il fiume per raccogliere una zattera di tronchi da sega per Dawson.
Il boitait encore légèrement lorsqu'il a sauvé Buck de la mort.
Zoppicava ancora leggermente quando salvò Buck dalla morte.
Mais avec le temps chaud qui continue, même cette boiterie a disparu.
Ma con il persistere del caldo, anche quella zoppia è scomparsa.
Allongé au bord de la rivière pendant les longues journées de printemps, Buck se reposait.
Sdraiato sulla riva del fiume durante le lunghe giornate primaverili, Buck si riposò.
Il regardait l'eau couler et écoutait les oiseaux et les insectes.
Osservava l'acqua che scorreva e ascoltava gli uccelli e gli insetti.
Lentement, Buck reprit ses forces sous le soleil et le ciel.
Lentamente Buck riacquistò le forze sotto il sole e il cielo.
Un repos merveilleux après avoir parcouru trois mille kilomètres.
Dopo aver viaggiato tremila miglia, riposarsi è stato meraviglioso.

Buck est devenu paresseux à mesure que ses blessures guérissaient et que son corps se remplissait.
Buck diventò pigro man mano che le sue ferite guarivano e il suo corpo si riempiva.

Ses muscles se raffermirent et la chair revint recouvrir ses os.
I suoi muscoli si rassodarono e la carne tornò a ricoprire le sue ossa.

Ils se reposaient tous : Buck, Thornton, Skeet et Nig.
Stavano tutti riposando: Buck, Thornton, Skeet e Nig.

Ils attendaient le radeau qui allait les transporter jusqu'à Dawson.
Aspettarono la zattera che li avrebbe portati a Dawson.

Skeet était un petit setter irlandais qui s'est lié d'amitié avec Buck.
Skeet era un piccolo setter irlandese che fece amicizia con Buck.

Buck était trop faible et malade pour lui résister lors de leur première rencontre.
Buck era troppo debole e malato per resisterle al loro primo incontro.

Skeet avait le trait de guérisseur que certains chiens possèdent naturellement.
Skeet aveva la caratteristica di guaritore che alcuni cani possiedono per natura.

Comme une mère chatte, elle lécha et nettoya les blessures à vif de Buck.
Come una gatta, leccò e pulì le ferite aperte di Buck.

Chaque matin, après le petit-déjeuner, elle répétait son travail minutieux.
Ogni mattina, dopo colazione, ripeteva il suo attento lavoro.

Buck s'attendait à son aide autant qu'à celle de Thornton.
Buck finì per aspettarsi il suo aiuto tanto quanto quello di Thornton.

Nig était également amical, mais moins ouvert et moins affectueux.
Anche Nig era amichevole, ma meno aperto e meno affettuoso.

Nig était un gros chien noir, à la fois chien de Saint-Hubert et chien de chasse.
Nig era un grosso cane nero, in parte segugio e in parte levriero.
Il avait des yeux rieurs et une infinie bonne nature dans son esprit.
Aveva occhi sorridenti e un'infinita bontà d'animo.
À la surprise de Buck, aucun des deux chiens n'a montré de jalousie envers lui.
Con sorpresa di Buck, nessuno dei due cani mostrò gelosia nei suoi confronti.
Skeet et Nig ont tous deux partagé la gentillesse de John Thornton.
Sia Skeet che Nig condividevano la gentilezza di John Thornton.
À mesure que Buck devenait plus fort, ils l'ont attiré dans des jeux de chiens stupides.
Man mano che Buck diventava più forte, lo attiravano in stupidi giochi da cani.
Thornton jouait souvent avec eux aussi, incapable de résister à leur joie.
Anche Thornton giocava spesso con loro, incapace di resistere alla loro gioia.
De cette manière ludique, Buck est passé de la maladie à une nouvelle vie.
In questo modo giocoso, Buck passò dalla malattia a una nuova vita.
L'amour – un amour véritable, brûlant et passionné – était enfin à lui.
L'amore, quello vero, ardente e passionale, era finalmente suo.
Il n'avait jamais connu ce genre d'amour dans le domaine de Miller.
Non aveva mai conosciuto questo tipo di amore nella tenuta di Miller.
Avec les fils du juge, il avait partagé le travail et l'aventure.
Con i figli del giudice aveva condiviso lavoro e avventure.
Chez les petits-fils, il vit une fierté raide et vantarde.

Nei nipoti notò un orgoglio rigido e vanitoso.
Il entretenait avec le juge Miller lui-même une amitié respectueuse.
Con lo stesso giudice Miller aveva un rapporto di rispettosa amicizia.
Mais l'amour qui était feu, folie et adoration est venu avec Thornton.
Ma l'amore che era fuoco, follia e adorazione era ciò che accadeva con Thornton.
Cet homme avait sauvé la vie de Buck, et cela seul signifiait beaucoup.
Quest'uomo aveva salvato la vita di Buck, e questo di per sé significava molto.
Mais plus que cela, John Thornton était le type de maître idéal.
Ma più di questo, John Thornton era il tipo ideale di maestro.
D'autres hommes s'occupaient de chiens par devoir ou par nécessité professionnelle.
Altri uomini si prendevano cura dei cani per dovere o per necessità lavorative.
John Thornton prenait soin de ses chiens comme s'ils étaient ses enfants.
John Thornton si prendeva cura dei suoi cani come se fossero figli.
Il prenait soin d'eux parce qu'il les aimait et qu'il ne pouvait tout simplement pas s'en empêcher.
Si prendeva cura di loro perché li amava e semplicemente non poteva farne a meno.
John Thornton a vu encore plus loin que la plupart des hommes n'ont jamais réussi à voir.
John Thornton vide molto più lontano di quanto la maggior parte degli uomini riuscisse mai a vedere.
Il n'oubliait jamais de les saluer gentiment ou de leur adresser un mot d'encouragement.
Non dimenticava mai di salutarli gentilmente o di pronunciare una parola di incoraggiamento.

Il adorait s'asseoir avec les chiens pour de longues conversations, ou « gazeuses », comme il disait.
Amava sedersi con i cani per fare lunghe chiacchierate, o "gassy", come diceva lui.

Il aimait saisir brutalement la tête de Buck entre ses mains fortes.
Gli piaceva afferrare bruscamente la testa di Buck tra le sue mani forti.

Puis il posa sa tête contre celle de Buck et le secoua doucement.
Poi appoggiò la testa contro quella di Buck e lo scosse delicatamente.

Pendant tout ce temps, il traitait Buck de noms grossiers qui signifiaient de l'amour pour Buck.
Nel frattempo, chiamava Buck con nomi volgari che per lui significavano affetto.

Pour Buck, cette étreinte brutale et ces mots ont apporté une joie profonde.
Per Buck, quell'abbraccio rude e quelle parole portarono una gioia profonda.

Son cœur semblait se déchaîner de bonheur à chaque mouvement.
A ogni movimento il suo cuore sembrava sussultare di felicità.

Lorsqu'il se releva ensuite, sa bouche semblait rire.
Quando poi balzò in piedi, la sua bocca sembrava ridere.

Ses yeux brillaient et sa gorge tremblait d'une joie inexprimée.
I suoi occhi brillavano intensamente e la sua gola tremava per una gioia inespressa.

Son sourire resta figé dans cet état d'émotion et d'affection rayonnante.
Il suo sorriso rimase immobile in quello stato di emozione e affetto ardente.

Thornton s'exclama alors pensivement : « Mon Dieu ! Il peut presque parler ! »
Allora Thornton esclamò pensieroso: "Dio! Riesce quasi a parlare!"

Buck avait une étrange façon d'exprimer son amour qui causait presque de la douleur.
Buck aveva uno strano modo di esprimere l'amore che quasi gli causava dolore.
Il serrait souvent très fort la main de Thornton entre ses dents.
Spesso stringeva forte la mano di Thornton tra i denti.
La morsure allait laisser des marques profondes qui resteraient un certain temps après.
Il morso avrebbe lasciato segni profondi che sarebbero rimasti per qualche tempo.
Buck croyait que ces serments étaient de l'amour, et Thornton savait la même chose.
Buck credeva che quei giuramenti fossero amore, e Thornton la pensava allo stesso modo.
Le plus souvent, l'amour de Buck se manifestait par une adoration silencieuse, presque silencieuse.
Il più delle volte, l'amore di Buck si manifestava in un'adorazione silenziosa, quasi silenziosa.
Bien qu'il soit ravi lorsqu'on le touche ou qu'on lui parle, il ne cherche pas à attirer l'attention.
Sebbene fosse emozionato quando veniva toccato o gli si parlava, non cercava attenzione.
Skeet a poussé son nez sous la main de Thornton jusqu'à ce qu'il la caresse.
Skeet spinse il naso sotto la mano di Thornton finché lui non la accarezzò.
Nig s'approcha tranquillement et posa sa grosse tête sur le genou de Thornton.
Nig si avvicinò silenziosamente e appoggiò la sua grande testa sulle ginocchia di Thornton.
Buck, au contraire, se contentait d'aimer à distance respectueuse.
Buck, al contrario, si accontentava di amare da una rispettosa distanza.
Il resta allongé pendant des heures aux pieds de Thornton, alerte et observant attentivement.

Rimase sdraiato per ore ai piedi di Thornton, vigile e attento.
Buck étudiait chaque détail du visage de son maître et le moindre mouvement.
Buck studiò ogni dettaglio del volto del suo padrone, perfino il più piccolo movimento.
Ou bien il était allongé plus loin, étudiant la silhouette de l'homme en silence.
Oppure sdraiati più lontano, studiando in silenzio la sagoma dell'uomo.
Buck observait chaque petit mouvement, chaque changement de posture ou de geste.
Buck osservava ogni piccolo movimento, ogni cambiamento di postura o di gesto.
Ce lien était si puissant qu'il attirait souvent le regard de Thornton.
Questo legame era così potente che spesso catturava lo sguardo di Thornton.
Il rencontra les yeux de Buck sans un mot, l'amour brillant clairement à travers.
Incontrò lo sguardo di Buck senza dire parole, e il suo amore traspariva chiaramente.
Pendant longtemps après avoir été sauvé, Buck n'a jamais laissé Thornton hors de vue.
Per molto tempo dopo essere stato salvato, Buck non perse mai di vista Thornton.
Chaque fois que Thornton quittait la tente, Buck le suivait de près à l'extérieur.
Ogni volta che Thornton usciva dalla tenda, Buck lo seguiva da vicino all'esterno.
Tous les maîtres sévères du Northland avaient fait que Buck avait peur de faire confiance.
Tutti i severi padroni delle Terre del Nord avevano fatto sì che Buck non riuscisse più a fidarsi.
Il craignait qu'aucun homme ne puisse rester son maître plus d'un court instant.
Temeva che nessun uomo potesse restare suo padrone se non per un breve periodo.

Il craignait que John Thornton ne disparaisse comme Perrault et François.
Temeva che John Thornton sarebbe scomparso come Perrault e François.
Même la nuit, la peur de le perdre hantait le sommeil agité de Buck.
Anche di notte, la paura di perderlo tormentava il sonno agitato di Buck.
Quand Buck se réveilla, il se glissa dehors dans le froid et se dirigea vers la tente.
Quando Buck si svegliò, si trascinò fuori al freddo e andò nella tenda.
Il écoutait attentivement le doux bruit de la respiration à l'intérieur.
Ascoltò attentamente il leggero suono del suo respiro interiore.
Malgré l'amour profond de Buck pour John Thornton, la nature sauvage est restée vivante.
Nonostante il profondo amore di Buck per John Thornton, la natura selvaggia sopravvisse.
Cet instinct primitif, éveillé dans le Nord, n'a pas disparu.
Quell'istinto primitivo, risvegliatosi nel Nord, non scomparve.
L'amour a apporté la dévotion, la loyauté et le lien chaleureux du coin du feu.
L'amore portava devozione, lealtà e il caldo legame attorno al fuoco.
Mais Buck a également conservé son instinct sauvage, vif et toujours en alerte.
Ma Buck mantenne anche i suoi istinti selvaggi, acuti e sempre all'erta.
Il n'était pas seulement un animal de compagnie apprivoisé venu des terres douces de la civilisation.
Non era solo un animale domestico addomesticato proveniente dalle dolci terre della civiltà.
Buck était un être sauvage qui était venu s'asseoir près du feu de Thornton.

Buck era un essere selvaggio che si era seduto accanto al fuoco di Thornton.

Il ressemblait à un chien du Southland, mais la sauvagerie vivait en lui.

Sembrava un cane del Southland, ma in lui albergava la natura selvaggia.

Son amour pour Thornton était trop grand pour permettre de voler cet homme.

Il suo amore per Thornton era troppo grande per permettersi un furto da parte di quell'uomo.

Mais dans n'importe quel autre camp, il volerait avec audace et sans relâche.

Ma in qualsiasi altro campo ruberebbe con audacia e senza esitazione.

Il était si habile à voler que personne ne pouvait l'attraper ou l'accuser.

Era così abile nel rubare che nessuno riusciva a catturarlo o accusarlo.

Son visage et son corps étaient couverts de cicatrices dues à de nombreux combats passés.

Il suo viso e il suo corpo erano coperti di cicatrici dovute a molti combattimenti passati.

Buck se battait toujours avec acharnement, mais maintenant il se battait avec plus de ruse.

Buck continuava a combattere con ferocia, ma ora lo faceva con maggiore astuzia.

Skeet et Nig étaient trop doux pour se battre, et ils appartenaient à Thornton.

Skeet e Nig erano troppo docili per combattere, ed erano di Thornton.

Mais tout chien étranger, aussi fort ou courageux soit-il, cédait.

Ma qualsiasi cane estraneo, non importa quanto forte o coraggioso, cedeva.

Sinon, le chien se retrouvait à lutter contre Buck, à se battre pour sa vie.

Altrimenti, il cane si ritrovò a combattere contro Buck, lottando per la propria vita.

Buck n'a eu aucune pitié une fois qu'il a choisi de se battre contre un autre chien.

Buck non ebbe pietà quando decise di combattere contro un altro cane.

Il avait bien appris la loi du gourdin et des crocs dans le Nord.

Aveva imparato bene la legge del bastone e della zanna nel Nord.

Il n'a jamais abandonné un avantage et n'a jamais reculé devant la bataille.

Non ha mai rinunciato a un vantaggio e non si è mai tirato indietro dalla battaglia.

Il avait étudié les Spitz et les chiens les plus féroces de la poste et de la police.

Aveva studiato Spitz e i cani più feroci della polizia e della posta.

Il savait clairement qu'il n'y avait pas de juste milieu dans un combat sauvage.

Sapeva chiaramente che non esisteva via di mezzo in un combattimento selvaggio.

Il doit gouverner ou être gouverné ; faire preuve de miséricorde signifie faire preuve de faiblesse.

Doveva governare o essere governato; mostrare misericordia significava mostrare debolezza.

La miséricorde était inconnue dans le monde brut et brutal de la survie.

La pietà era sconosciuta nel mondo crudo e brutale della sopravvivenza.

Faire preuve de miséricorde était perçu comme de la peur, et la peur menait rapidement à la mort.

Mostrare pietà era visto come un atto di paura, e la paura conduceva rapidamente alla morte.

L'ancienne loi était simple : tuer ou être tué, manger ou être mangé.

La vecchia legge era semplice: uccidere o essere uccisi, mangiare o essere mangiati.

Cette loi venait des profondeurs du temps, et Buck la suivait pleinement.

Quella legge proveniva dalle profondità del tempo e Buck la seguì alla lettera.

Buck était plus vieux que son âge et que le nombre de respirations qu'il prenait.

Buck era più vecchio dei suoi anni e del numero dei suoi respiri.

Il a clairement relié le passé ancien au moment présent.

Collegava in modo chiaro il passato remoto con il momento presente.

Les rythmes profonds des âges le traversaient comme les marées.

I ritmi profondi dei secoli si muovevano attraverso di lui come le maree.

Le temps pulsait dans son sang aussi sûrement que les saisons faisaient bouger la terre.

Il tempo pulsava nel suo sangue con la stessa sicurezza con cui le stagioni muovevano la terra.

Il était assis près du feu de Thornton, la poitrine forte et les crocs blancs.

Sedeva accanto al fuoco di Thornton, con il petto forte e le zanne bianche.

Sa longue fourrure ondulait, mais derrière lui, les esprits des chiens sauvages observaient.

La sua lunga pelliccia ondeggiava, ma dietro di lui lo osservavano gli spiriti dei cani selvatici.

Des demi-loups et des loups à part entière s'agitaient dans son cœur et dans ses sens.

Lupi mezzi e lupi veri si agitavano nel suo cuore e nei suoi sensi.

Ils goûtèrent sa viande et burent la même eau que lui.

Assaggiarono la sua carne e bevvero la stessa acqua che bevve lui.

Ils reniflaient le vent à ses côtés et écoutaient la forêt.

Annusarono il vento insieme a lui e ascoltarono la foresta.
Ils murmuraient la signification des sons sauvages dans l'obscurité.
Sussurravano il significato dei suoni selvaggi nell'oscurità.
Ils façonnaient ses humeurs et guidaient chacune de ses réactions silencieuses.
Modellavano il suo umore e guidavano ciascuna delle sue reazioni silenziose.
Ils se sont couchés avec lui pendant son sommeil et sont devenus une partie de ses rêves profonds.
Giacevano accanto a lui mentre dormiva e diventavano parte dei suoi sogni profondi.
Ils rêvaient avec lui, au-delà de lui, et constituaient son esprit même.
Sognavano con lui, oltre lui, e costituivano il suo stesso spirito.
Les esprits de la nature appelèrent si fort que Buck se sentit attiré.
Gli spiriti della natura selvaggia chiamavano con tanta forza che Buck si sentì attratto.
Chaque jour, l'humanité et ses revendications s'affaiblissaient dans le cœur de Buck.
Ogni giorno che passava, l'umanità e le sue rivendicazioni si indebolivano nel cuore di Buck.
Au plus profond de la forêt, un appel étrange et palpitant allait s'élever.
Nel profondo della foresta si stava per udire un richiamo strano ed emozionante.
Chaque fois qu'il entendait l'appel, Buck ressentait une envie à laquelle il ne pouvait résister.
Ogni volta che sentiva la chiamata, Buck provava un impulso a cui non riusciva a resistere.
Il allait se détourner du feu et des sentiers battus des humains.
Avrebbe voltato le spalle al fuoco e ai sentieri battuti dagli uomini.
Il allait s'enfoncer dans la forêt, avançant sans savoir pourquoi.

Stava per addentrarsi nella foresta, avanzando senza sapere il perché.
Il ne remettait pas en question cette attraction, car l'appel était profond et puissant.
Non mise in discussione questa attrazione, perché la chiamata era profonda e potente.
Souvent, il atteignait l'ombre verte et la terre douce et intacte
Spesso raggiungeva l'ombra verde e la terra morbida e intatta
Mais ensuite, son amour profond pour John Thornton l'a ramené vers le feu.
Ma poi il forte amore per John Thornton lo riportò al fuoco.
Seul John Thornton tenait véritablement le cœur sauvage de Buck entre ses mains.
Soltanto John Thornton riuscì davvero a tenere stretto il cuore selvaggio di Buck.
Le reste de l'humanité n'avait aucune valeur ni signification durable pour Buck.
Per Buck il resto dell'umanità non aveva alcun valore o significato duraturo.
Les étrangers pourraient le féliciter ou caresser sa fourrure avec des mains amicales.
Gli sconosciuti potrebbero lodarlo o accarezzargli la pelliccia con mani amichevoli.
Buck resta impassible et s'éloigna à cause de trop d'affection.
Buck rimase impassibile e se ne andò per eccesso di affetto.
Hans et Pete sont arrivés avec le radeau qu'ils attendaient depuis longtemps
Hans e Pete arrivarono con la zattera che era stata attesa a lungo
Buck les a ignorés jusqu'à ce qu'il apprenne qu'ils étaient proches de Thornton.
Buck li ignorò finché non venne a sapere che erano vicini a Thornton.
Après cela, il les a tolérés, mais ne leur a jamais montré toute sa chaleur.
Da allora in poi li tollerò, ma non dimostrò mai loro tutto il suo calore.

Il prenait de la nourriture ou des marques de gentillesse de leur part comme s'il leur rendait service.
Accettava da loro cibo o gentilezza come se volesse fare loro un favore.
Ils étaient comme Thornton : simples, honnêtes et clairs dans leurs pensées.
Erano come Thornton: semplici, onesti e lucidi nei pensieri.
Tous ensemble, ils se rendirent à la scierie de Dawson et au grand tourbillon
Tutti insieme viaggiarono verso la segheria di Dawson e il grande vortice
Au cours de leur voyage, ils ont appris à comprendre profondément la nature de Buck.
Nel corso del loro viaggio impararono a comprendere profondamente la natura di Buck.
Ils n'ont pas essayé de se rapprocher comme Skeet et Nig l'avaient fait.
Non cercarono di avvicinarsi come avevano fatto Skeet e Nig.
Mais l'amour de Buck pour John Thornton n'a fait que s'approfondir avec le temps.
Ma l'amore di Buck per John Thornton non fece che aumentare con il tempo.
Seul Thornton pouvait placer un sac sur le dos de Buck en été.
Solo Thornton poteva mettere uno zaino sulla schiena di Buck durante l'estate.
Quoi que Thornton ordonne, Buck était prêt à l'exécuter pleinement.
Buck era disposto a eseguire senza riserve qualsiasi ordine impartito da Thornton.
Un jour, après avoir quitté Dawson pour les sources du Tanana,
Un giorno, dopo aver lasciato Dawson per le sorgenti del Tanana,
le groupe était assis sur une falaise qui descendait d'un mètre jusqu'au substrat rocheux nu.

il gruppo era seduto su una rupe che scendeva per un metro fino a raggiungere la nuda roccia.
John Thornton était assis près du bord et Buck se reposait à côté de lui.
John Thornton si sedette vicino al bordo e Buck si riposò accanto a lui.
Thornton eut une pensée soudaine et attira l'attention des hommes.
Thornton ebbe un'idea improvvisa e richiamò l'attenzione degli uomini.
Il désigna le gouffre et donna un seul ordre à Buck.
Indicò l'altro lato del baratro e diede a Buck un unico comando.
« Saute, Buck ! » dit-il en balançant son bras au-dessus de la chute.
"Salta, Buck!" disse, allungando il braccio oltre il precipizio.
En un instant, il dut attraper Buck, qui sautait pour obéir.
Un attimo dopo dovette afferrare Buck, che stava saltando per obbedire.
Hans et Pete se sont précipités en avant et ont ramené les deux hommes en sécurité.
Hans e Pete si precipitarono in avanti e tirarono entrambi indietro per metterli in salvo.
Une fois que tout fut terminé et qu'ils eurent repris leur souffle, Pete prit la parole.
Dopo che tutto fu finito e che ebbero ripreso fiato, Pete prese la parola.
« L'amour est étrange », dit-il, secoué par la dévotion féroce du chien.
«È un amore straordinario», disse, scosso dalla feroce devozione del cane.
Thornton secoua la tête et répondit avec un sérieux calme.
Thornton scosse la testa e rispose con calma e serietà.
« Non, l'amour est splendide », dit-il, « mais aussi terrible. »
«No, l'amore è splendido», disse, «ma anche terribile».
« Parfois, je dois l'admettre, ce genre d'amour me fait peur. »
"A volte, devo ammetterlo, questo tipo di amore mi fa paura."

Pete hocha la tête et dit : « Je détesterais être l'homme qui te touche. »
Pete annuì e disse: "Mi dispiacerebbe tanto essere l'uomo che ti tocca".

Il regarda Buck pendant qu'il parlait, sérieux et plein de respect.
Mentre parlava, guardava Buck con aria seria e piena di rispetto.

« Py Jingo ! » s'empressa de dire Hans. « Moi non plus, non monsieur. »
"Py Jingo!" esclamò Hans in fretta. "Neanch'io, no signore."

Avant la fin de l'année, les craintes de Pete se sont réalisées à Circle City.
Prima che finisse l'anno, i timori di Pete si avverarono a Circle City.

Un homme cruel nommé Black Burton a provoqué une bagarre dans le bar.
Un uomo crudele di nome Black Burton attaccò una rissa nel bar.

Il était en colère et malveillant, s'en prenant à un nouveau tendre.
Era arrabbiato e cattivo, e si scagliava contro un novellino.

John Thornton est intervenu, calme et de bonne humeur comme toujours.
John Thornton intervenne, calmo e bonario come sempre.

Buck était allongé dans un coin, la tête baissée, observant Thornton de près.
Buck giaceva in un angolo, con la testa bassa, e osservava Thornton attentamente.

Burton frappa soudainement, son coup envoyant Thornton tourner.
Burton colpì all'improvviso e il suo pugno fece girare Thornton.

Seule la barre du bar l'a empêché de s'écraser violemment au sol.

Solo la ringhiera della sbarra gli impedì di cadere violentemente a terra.
Les observateurs ont entendu un son qui n'était ni un aboiement ni un cri.
Gli osservatori hanno sentito un suono che non era un abbaio o un guaito
un rugissement profond sortit de Buck alors qu'il se lançait vers l'homme.
Buck emise un profondo ruggito mentre si lanciava verso l'uomo.
Burton a levé le bras et a sauvé sa vie de justesse.
Burton alzò il braccio e per poco non si salvò la vita.
Buck l'a percuté, le faisant tomber à plat sur le sol.
Buck si schiantò contro di lui, facendolo cadere a terra.
Buck mordit profondément le bras de l'homme, puis se jeta à la gorge.
Buck gli diede un morso profondo al braccio, poi si lanciò alla gola.
Burton n'a pu bloquer que partiellement et son cou a été déchiré.
Burton riuscì a parare solo in parte e il suo collo fu squarciato.
Des hommes se sont précipités, les bâtons levés, et ont chassé Buck de l'homme ensanglanté.
Gli uomini si precipitarono dentro, brandendo i manganelli e allontanarono Buck dall'uomo sanguinante.
Un chirurgien est intervenu rapidement pour arrêter l'écoulement du sang.
Un chirurgo ha lavorato rapidamente per impedire che il sangue fuoriuscisse.
Buck marchait de long en large et grognait, essayant d'attaquer encore et encore.
Buck camminava avanti e indietro ringhiando, tentando di attaccare ancora e ancora.
Seuls les coups de massue l'ont empêché d'atteindre Burton.
Soltanto i bastoni oscillanti gli impedirono di raggiungere Burton.
Une réunion de mineurs a été convoquée et tenue sur place.

Proprio lì, sul posto, venne convocata una riunione dei minatori.

Ils ont convenu que Buck avait été provoqué et ont voté pour le libérer.

Concordarono sul fatto che Buck era stato provocato e votarono per liberarlo.

Mais le nom féroce de Buck résonnait désormais dans tous les camps d'Alaska.

Ma il nome feroce di Buck risuonava ormai in ogni accampamento dell'Alaska.

Plus tard cet automne-là, Buck sauva à nouveau Thornton d'une nouvelle manière.

Più tardi, quello stesso autunno, Buck salvò Thornton di nuovo in un modo nuovo.

Les trois hommes guidaient un long bateau sur des rapides impétueux.

I tre uomini stavano guidando una lunga barca lungo delle rapide impetuose.

Thornton dirigeait le bateau et donnait des indications pour se rendre sur le rivage.

Thornton manovrava la barca, gridando indicazioni per raggiungere la riva.

Hans et Pete couraient sur terre, tenant une corde d'arbre en arbre.

Hans e Pete correvano sulla terraferma, tenendo una corda da un albero all'altro.

Buck suivait le rythme sur la rive, surveillant toujours son maître.

Buck procedeva a passo d'uomo sulla riva, tenendo sempre d'occhio il suo padrone.

À un endroit désagréable, des rochers surplombaient les eaux vives.

In un punto pericoloso, delle rocce sporgevano dall'acqua veloce.

Hans lâcha la corde et Thornton dirigea le bateau vers le large.

Hans lasciò andare la cima e Thornton tirò la barca verso la larghezza.

Hans sprinta pour rattraper le bateau en passant devant les rochers dangereux.

Hans corse a percorrerla di nuovo, superando le pericolose rocce.

Le bateau a franchi le rebord mais a heurté une partie plus forte du courant.

La barca superò la sporgenza ma trovò una corrente più forte.

Hans a attrapé la corde trop vite et a déséquilibré le bateau.

Hans afferrò la cima troppo velocemente e fece perdere l'equilibrio alla barca.

Le bateau s'est retourné et a heurté la berge, cul en l'air.

La barca si capovolse e sbatté contro la riva, con la parte inferiore rivolta verso l'alto.

Thornton a été jeté dehors et emporté dans la partie la plus sauvage de l'eau.

Thornton venne scaraventato fuori e trascinato nella parte più selvaggia dell'acqua.

Aucun nageur n'aurait pu survivre dans ces eaux mortelles et tumultueuses.

Nessun nuotatore sarebbe sopravvissuto in quelle acque pericolose e pericolose.

Buck sauta instantanément et poursuivit son maître sur la rivière.

Buck si lanciò all'istante e inseguì il suo padrone lungo il fiume.

Après trois cents mètres, il atteignit enfin Thornton.

Dopo trecento metri finalmente raggiunse Thornton.

Thornton attrapa la queue de Buck, et Buck se tourna vers le rivage.

Thornton afferrò la coda di Buck, e Buck si diresse verso la riva.

Il nageait de toutes ses forces, luttant contre la force de l'eau.

Nuotò con tutte le sue forze, lottando contro la forte resistenza dell'acqua.

Ils se déplaçaient en aval plus vite qu'ils ne pouvaient atteindre le rivage.
Si spostarono verso valle più velocemente di quanto riuscissero a raggiungere la riva.
Plus loin, la rivière rugissait plus fort alors qu'elle tombait dans des rapides mortels.
Più avanti, il fiume ruggiva più forte, precipitando in rapide mortali.
Les rochers fendaient l'eau comme les dents d'un énorme peigne.
Le rocce fendevano l'acqua come i denti di un enorme pettine.
L'attraction de l'eau près de la chute était sauvage et inévitable.
La forza di attrazione dell'acqua nei pressi del dislivello era selvaggia e ineluttabile.
Thornton savait qu'ils ne pourraient jamais atteindre le rivage à temps.
Thornton sapeva che non sarebbero mai riusciti a raggiungere la riva in tempo.
Il a gratté un rocher, s'est écrasé sur un deuxième,
Raschiò una roccia, ne sbatté una seconda,
Et puis il s'est écrasé contre un troisième rocher, l'attrapant à deux mains.
Poi si schiantò contro una terza roccia, afferrandola con entrambe le mani.
Il lâcha Buck et cria par-dessus le rugissement : « Vas-y, Buck ! Vas-y ! »
Lasciò andare Buck e urlò sopra il ruggito: "Vai, Buck! Vai!"
Buck n'a pas pu rester à flot et a été emporté par le courant.
Buck non riuscì a restare a galla e fu trascinato dalla corrente.
Il s'est battu avec acharnement, s'efforçant de se retourner, mais n'a fait aucun progrès.
Lottò con tutte le sue forze, cercando di girarsi, ma non fece alcun progresso.
Puis il entendit Thornton répéter l'ordre par-dessus le rugissement de la rivière.

Poi sentì Thornton ripetere il comando sopra il fragore del fiume.
Buck sortit de l'eau et leva la tête comme pour un dernier regard,
Buck si impennò fuori dall'acqua e sollevò la testa come per dare un'ultima occhiata.
puis il se retourna et obéit, nageant vers la rive avec résolution.
poi si voltò e obbedì, nuotando verso la riva con risolutezza.
Pete et Hans l'ont tiré à terre au dernier moment possible.
Pete e Hans lo tirarono a riva all'ultimo momento possibile.
Ils savaient que Thornton ne pourrait s'accrocher au rocher que quelques minutes de plus.
Sapevano che Thornton avrebbe potuto aggrapparsi alla roccia solo per pochi minuti.
Ils coururent sur la berge jusqu'à un endroit bien au-dessus de l'endroit où il était suspendu.
Corsero su per la riva fino a un punto molto più in alto rispetto al punto in cui lui era appeso.
Ils ont soigneusement attaché la ligne du bateau au cou et aux épaules de Buck.
Legarono con cura la cima della barca al collo e alle spalle di Buck.
La corde était serrée mais suffisamment lâche pour permettre la respiration et le mouvement.
La corda era stretta ma abbastanza larga da permettere di respirare e muoversi.
Puis ils le jetèrent à nouveau dans la rivière tumultueuse et mortelle.
Poi lo gettarono di nuovo nel fiume impetuoso e mortale.
Buck nageait avec audace mais manquait son angle face à la force du courant.
Buck nuotò coraggiosamente ma non riuscì a prendere l'angolazione giusta per affrontare la forza della corrente.
Il a vu trop tard qu'il allait dépasser Thornton.
Si accorse troppo tardi che stava per superare Thornton.

Hans tira fort sur la corde, comme si Buck était un bateau en train de chavirer.
Hans tirò forte la corda, come se Buck fosse una barca che si capovolge.
Le courant l'a entraîné vers le fond et il a disparu sous la surface.
La corrente lo trascinò sott'acqua e lui scomparve sotto la superficie.
Son corps a heurté la berge avant que Hans et Pete ne le sortent.
Il suo corpo colpì la riva prima che Hans e Pete lo tirassero fuori.
Il était à moitié noyé et ils l'ont chassé de l'eau.
Era mezzo annegato e gli tolsero l'acqua dal corpo.
Buck se leva, tituba et s'effondra à nouveau sur le sol.
Buck si alzò, barcollò e crollò di nuovo a terra.
Puis ils entendirent la voix de Thornton faiblement portée par le vent.
Poi udirono la voce di Thornton portata debolmente dal vento.
Même si les mots n'étaient pas clairs, ils savaient qu'il était proche de la mort.
Sebbene le parole non fossero chiare, sapevano che era vicino alla morte.
Le son de la voix de Thornton frappa Buck comme une décharge électrique.
Il suono della voce di Thornton colpì Buck come una scossa elettrica.
Il sauta et courut sur la berge, retournant au point de lancement.
Saltò in piedi e corse su per la riva, tornando al punto di partenza.
Ils attachèrent à nouveau la corde à Buck, et il entra à nouveau dans le ruisseau.
Legarono di nuovo la corda a Buck, e di nuovo lui entrò nel fiume.
Cette fois, il nagea directement et fermement dans l'eau tumultueuse.

Questa volta nuotò direttamente e con decisione nell'acqua impetuosa.

Hans laissa sortir la corde régulièrement tandis que Pete l'empêchait de s'emmêler.

Hans lasciò scorrere la corda con regolarità, mentre Pete impediva che si aggrovigliasse.

Buck a nagé avec acharnement jusqu'à ce qu'il soit aligné juste au-dessus de Thornton.

Buck nuotò con forza finché non si trovò allineato appena sopra Thornton.

Puis il s'est retourné et a foncé comme un train à toute vitesse.

Poi si voltò e si lanciò verso di lui come un treno a tutta velocità.

Thornton le vit arriver, se redressa et entoura son cou de ses bras.

Thornton lo vide arrivare, si preparò e gli abbracciò il collo.

Hans a attaché la corde fermement autour d'un arbre alors qu'ils étaient tous les deux entraînés sous l'eau.

Hans legò saldamente la corda attorno a un albero mentre entrambi venivano tirati sott'acqua.

Ils ont dégringolé sous l'eau, s'écrasant contre des rochers et des débris de la rivière.

Caddero sott'acqua, schiantandosi contro rocce e detriti del fiume.

Un instant, Buck était au sommet, l'instant d'après, Thornton se levait en haletant.

Un attimo prima Buck era in cima e un attimo dopo Thornton si alzava ansimando.

Battus et étouffés, ils se dirigèrent vers la rive et la sécurité.

Malconci e soffocati, si diressero verso la riva e si misero in salvo.

Thornton a repris connaissance, allongé sur un tronc d'arbre.

Thornton riprese conoscenza mentre era sdraiato su un tronco alla deriva.

Hans et Pete ont travaillé dur pour lui redonner souffle et vie.

Hans e Pete lavorarono duramente per riportarlo a respirare e a vivere.

Sa première pensée fut pour Buck, qui gisait immobile et mou.

Il suo primo pensiero fu per Buck, che giaceva immobile e inerte.

Nig hurla sur le corps de Buck et Skeet lui lécha doucement le visage.

Nig ululò sul corpo di Buck e Skeet gli leccò delicatamente il viso.

Thornton, endolori et meurtri, examina Buck avec des mains prudentes.

Thornton, dolorante e contuso, esaminò Buck con mano attenta.

Il a trouvé trois côtes cassées, mais aucune blessure mortelle chez le chien.

Ha trovato tre costole rotte, ma il cane non presentava ferite mortali.

« C'est réglé », dit Thornton. « On campe ici. » Et c'est ce qu'ils firent.

"Questo è tutto", disse Thornton. "Ci accamperemo qui". E così fecero.

Ils sont restés jusqu'à ce que les côtes de Buck soient guéries et qu'il puisse à nouveau marcher.

Rimasero lì finché le costole di Buck non guarirono e lui poté di nuovo camminare.

Cet hiver-là, Buck accomplit un exploit qui augmenta encore sa renommée.

Quell'inverno Buck compì un'impresa che accrebbe ulteriormente la sua fama.

C'était moins héroïque que de sauver Thornton, mais tout aussi impressionnant.

Fu un gesto meno eroico del salvataggio di Thornton, ma altrettanto impressionante.

À Dawson, les partenaires avaient besoin de provisions pour un long voyage.

A Dawson, i soci avevano bisogno di provviste per un viaggio lontano.
Ils voulaient voyager vers l'Est, dans des terres sauvages et intactes.
Volevano viaggiare verso est, in terre selvagge e incontaminate.
L'acte de Buck dans l'Eldorado Saloon a rendu ce voyage possible.
Quel viaggio fu possibile grazie all'impresa compiuta da Buck nell'Eldorado Saloon.
Tout a commencé avec des hommes qui se vantaient de leurs chiens en buvant un verre.
Tutto cominciò con degli uomini che si vantavano dei loro cani bevendo qualcosa.
La renommée de Buck a fait de lui la cible de défis et de doutes.
La fama di Buck lo rese bersaglio di sfide e dubbi.
Thornton, fier et calme, resta ferme dans la défense du nom de Buck.
Thornton, fiero e calmo, rimase fermo nel difendere il nome di Buck.
Un homme a déclaré que son chien pouvait facilement tirer deux cents kilos.
Un uomo ha affermato che il suo cane riusciva a trainare facilmente duecentocinquanta chili.
Un autre a dit six cents, et un troisième s'est vanté d'en avoir sept cents.
Un altro disse seicento, e un terzo si vantò di settecento.
« Pfft ! » dit John Thornton, « Buck peut tirer un traîneau de mille livres. »
"Pfft!" disse John Thornton, "Buck può trainare una slitta da mille libbre."
Matthewson, un roi de Bonanza, s'est penché en avant et l'a défié.
Matthewson, un Bonanza King, si sporse in avanti e lo sfidò.
« Tu penses qu'il peut mettre autant de poids en mouvement ? »

"Pensi che possa spostare tutto quel peso?"
« **Et tu penses qu'il peut tirer le poids sur une centaine de mètres ?** »
"E pensi che riesca a sollevare il peso per cento metri?"
Thornton répondit froidement : « Oui. Buck est assez doué pour le faire. »
Thornton rispose freddamente: "Sì. Buck è abbastanza cane da farlo."
« **Il mettra mille livres en mouvement et le tirera sur une centaine de mètres.** »
"Metterà in moto mille libbre e la tirerà per cento metri."
Matthewson sourit lentement et s'assura que tous les hommes entendaient ses paroles.
Matthewson sorrise lentamente e si assicurò che tutti gli uomini udissero le sue parole.
« **J'ai mille dollars qui disent qu'il ne peut pas. Le voilà.** »
"Ho mille dollari che dicono che non può. Eccoli."
Il a claqué un sac de poussière d'or de la taille d'une saucisse sur le bar.
Sbatté sul bancone un sacco di polvere d'oro grande quanto una salsiccia.
Personne ne dit un mot. Le silence devint pesant et tendu autour d'eux.
Nessuno disse una parola. Il silenzio si fece pesante e teso intorno a loro.
Le bluff de Thornton – s'il en était un – avait été pris au sérieux.
Il bluff di Thornton, se mai lo fu, era stato preso sul serio.
Il sentit la chaleur monter sur son visage tandis que le sang affluait sur ses joues.
Sentì il calore salirgli al viso mentre il sangue gli affluiva alle guance.
Sa langue avait pris le pas sur sa raison à ce moment-là.
In quel momento la sua lingua aveva preceduto la ragione.
Il ne savait vraiment pas si Buck pouvait déplacer mille livres.

Non sapeva davvero se Buck sarebbe riuscito a spostare mille libbre.

Une demi-tonne ! Rien que sa taille lui pesait le cœur.

Mezza tonnellata! Solo la sua mole gli faceva sentire il cuore pesante.

Il avait foi en la force de Buck et le pensait capable.

Aveva fiducia nella forza di Buck e lo riteneva capace.

Mais il n'avait jamais été confronté à ce genre de défi, pas comme celui-ci.

Ma non aveva mai affrontato una sfida di questo tipo, non in questo modo.

Une douzaine d'hommes l'observaient tranquillement, attendant de voir ce qu'il allait faire.

Una dozzina di uomini lo osservavano in silenzio, in attesa di vedere cosa avrebbe fatto.

Il n'avait pas d'argent, ni Hans ni Pete.

Lui non aveva i soldi, e nemmeno Hans e Pete.

« J'ai un traîneau dehors », dit Matthewson froidement et directement.

"Ho una slitta fuori", disse Matthewson in modo freddo e diretto.

« Il est chargé de vingt sacs de cinquante livres chacun, tous de farine.

"È carico di venti sacchi, da cinquanta libbre ciascuno, tutti di farina.

« Alors ne laissez pas un traîneau manquant devenir votre excuse maintenant », a-t-il ajouté.

Quindi non lasciare che la scomparsa della slitta diventi la tua scusa", ha aggiunto.

Thornton resta silencieux. Il ne savait pas quels mots lui dire.

Thornton rimase in silenzio. Non sapeva che parole dire.

Il regarda les visages autour de lui sans les voir clairement.

Guardò i volti intorno a sé senza vederli chiaramente.

Il ressemblait à un homme figé dans ses pensées, essayant de redémarrer.

Sembrava un uomo immerso nei suoi pensieri, che cercava di ripartire.
Puis il a vu Jim O'Brien, un ami de l'époque Mastodon.
Poi incontrò Jim O'Brien, un amico dei tempi dei Mastodon.
Ce visage familier lui a donné un courage qu'il ne savait pas avoir.
Quel volto familiare gli diede un coraggio che non sapeva di avere.
Il se tourna et demanda à voix basse : « Peux-tu me prêter mille ? »
Si voltò e chiese a bassa voce: "Puoi prestarmi mille dollari?"
« Bien sûr », dit O'Brien, laissant déjà tomber un lourd sac près de l'or.
"Certo", disse O'Brien, lasciando cadere un pesante sacco vicino all'oro.
« Mais honnêtement, John, je ne crois pas que la bête puisse faire ça. »
"Ma sinceramente, John, non credo che la bestia possa fare questo."
Tout le monde dans le Saloon Eldorado s'est précipité dehors pour voir l'événement.
Tutti quelli presenti all'Eldorado Saloon si precipitarono fuori per assistere all'evento.
Ils ont laissé les tables et les boissons, et même les jeux ont été interrompus.
Lasciarono tavoli e bevande e perfino le partite furono sospese.
Les croupiers et les joueurs sont venus assister à la fin de ce pari audacieux.
Croupier e giocatori accorsero per assistere alla conclusione di questa audace scommessa.
Des centaines de personnes se sont rassemblées autour du traîneau dans la rue glacée.
Centinaia di persone si radunarono attorno alla slitta sulla strada ghiacciata.
Le traîneau de Matthewson était chargé d'une charge complète de sacs de farine.

La slitta di Matthewson era carica di un carico completo di sacchi di farina.
Le traîneau était resté immobile pendant des heures à des températures négatives.
La slitta era rimasta ferma per ore a temperature sotto lo zero.
Les patins du traîneau étaient gelés et collés à la neige tassée.
I pattini della slitta erano congelati e incollati alla neve compatta.
Les hommes ont offert une cote de deux contre un que Buck ne pourrait pas déplacer le traîneau.
Gli uomini scommettevano due a uno che Buck non sarebbe riuscito a spostare la slitta.
Une dispute a éclaté sur ce que signifiait réellement « sortir ».
Scoppiò una disputa su cosa significasse realmente "break out".
O'Brien a déclaré que Thornton devrait desserrer la base gelée du traîneau.
O'Brien ha affermato che Thornton dovrebbe allentare la base ghiacciata della slitta.
Buck pourrait alors « sortir » d'un départ solide et immobile.
Buck potrebbe quindi "rompere" una partenza solida e immobile.
Matthewson a soutenu que le chien devait également libérer les coureurs.
Matthewson sosteneva che anche il cane doveva liberare i corridori.
Les hommes qui avaient entendu le pari étaient d'accord avec le point de vue de Matthewson.
Gli uomini che avevano sentito la scommessa concordavano con Matthewson.
Avec cette décision, les chances sont passées à trois contre un contre Buck.
Con questa sentenza, le probabilità contro Buck salirono a tre a uno.

Personne ne s'est manifesté pour prendre en compte les chances croissantes de trois contre un.
Nessuno si fece avanti per accettare le crescenti quote di tre a uno.
Pas un seul homme ne croyait que Buck pouvait accomplir un tel exploit.
Nessuno credeva che Buck potesse compiere la grande impresa.
Thornton s'était précipité dans le pari, lourd de doutes.
Thornton era stato spinto a scommettere, pieno di dubbi.
Il regarda alors le traîneau et l'attelage de dix chiens à côté.
Ora guardava la slitta e la muta di dieci cani accanto ad essa.
En voyant la réalité de la tâche, elle semblait encore plus impossible.
Vedere la realtà del compito lo faceva sembrare ancora più impossibile.
Matthewson était plein de fierté et de confiance à ce moment-là.
In quel momento Matthewson era pieno di orgoglio e sicurezza.
« Trois contre un ! » cria-t-il. « Je parie mille de plus, Thornton !
"Tre a uno!" urlò. "Ne scommetto altri mille, Thornton!
« Que dites-vous ? » ajouta-t-il, assez fort pour que tout le monde l'entende.
"Cosa dici?" aggiunse, abbastanza forte da farsi sentire da tutti.
Le visage de Thornton exprimait ses doutes, mais son esprit s'était élevé.
Il volto di Thornton esprimeva i suoi dubbi, ma il suo spirito era sollevato.
Cet esprit combatif ignorait les probabilités et ne craignait rien du tout.
Quello spirito combattivo ignorava le avversità e non temeva nulla.
Il a appelé Hans et Pete pour apporter tout leur argent sur la table.

Chiamò Hans e Pete perché portassero tutti i loro soldi al tavolo.
Il ne leur restait plus grand-chose : seulement deux cents dollars au total.
Non gli era rimasto molto altro: solo duecento dollari in tutto.
Cette petite somme représentait toute leur fortune pendant les temps difficiles.
Questa piccola somma costituiva la loro intera fortuna nei momenti difficili.
Pourtant, ils ont misé toute leur fortune contre le pari de Matthewson.
Ciononostante puntarono tutta la loro fortuna contro la scommessa di Matthewson.
L'attelage de dix chiens a été dételé et éloigné du traîneau.
La muta composta da dieci cani venne sganciata e allontanata dalla slitta.
Buck a été placé dans les rênes, portant son harnais familier.
Buck venne messo alle redini, indossando la sua consueta imbracatura.
Il avait capté l'énergie de la foule et ressenti la tension.
Aveva colto l'energia della folla e ne aveva percepito la tensione.
D'une manière ou d'une autre, il savait qu'il devait faire quelque chose pour John Thornton.
In qualche modo sapeva che doveva fare qualcosa per John Thornton.
Les gens murmuraient avec admiration devant la fière silhouette du chien.
La gente mormorava ammirata di fronte alla figura fiera del cane.
Il était mince et fort, sans une seule once de chair supplémentaire.
Era magro e forte, senza un solo grammo di carne in più.
Son poids total de cent cinquante livres n'était que puissance et endurance.
Il suo peso di centocinquanta chili era sinonimo di potenza e resistenza.

Le pelage de Buck brillait comme de la soie, épais de santé et de force.
Il mantello di Buck brillava come la seta, denso di salute e forza.
La fourrure le long de son cou et de ses épaules semblait se soulever et se hérisser.
La pelliccia sul collo e sulle spalle sembrava sollevarsi e drizzarsi.
Sa crinière bougeait légèrement, chaque cheveu vivant de sa grande énergie.
La sua criniera si muoveva leggermente, ogni capello era animato dalla sua grande energia.
Sa large poitrine et ses jambes fortes correspondaient à sa silhouette lourde et robuste.
Il suo petto ampio e le sue gambe forti si sposavano bene con la sua corporatura pesante e robusta.
Des muscles ondulaient sous son manteau, tendus et fermes comme du fer lié.
I muscoli si tesero sotto il cappotto, tesi e sodi come ferro legato.
Les hommes le touchaient et juraient qu'il était bâti comme une machine en acier.
Gli uomini lo toccavano e giuravano che era fatto come una macchina d'acciaio.
Les chances ont légèrement baissé à deux contre un contre le grand chien.
Le probabilità contro il grande cane sono scese leggermente a due a uno.
Un homme des bancs de Skookum s'avança en bégayant.
Un uomo dei banchi di Skookum si fece avanti balbettando.
« Bien, monsieur ! J'offre huit cents pour lui – avant l'examen, monsieur ! »
"Bene, signore! Offro ottocento per lui... prima della prova, signore!"
« Huit cents, tel qu'il est en ce moment ! » insista l'homme.
"Ottocento, così com'è adesso!" insistette l'uomo.
Thornton s'avança, sourit et secoua calmement la tête.

Thornton fece un passo avanti, sorrise e scosse la testa con calma.
Matthewson est rapidement intervenu avec une voix d'avertissement et un froncement de sourcils.
Matthewson intervenne rapidamente con tono ammonitore e aggrottando la fronte.
« Éloignez-vous de lui », dit-il. « Laissez-lui de l'espace. »
"Devi allontanarti da lui", disse. "Dagli spazio."
La foule se tut ; seuls les joueurs continuaient à miser deux contre un.
La folla tacque; solo i giocatori continuavano a offrire due a uno.
Tout le monde admirait la carrure de Buck, mais la charge semblait trop lourde.
Tutti ammiravano la corporatura di Buck, ma il carico sembrava troppo pesante.
Vingt sacs de farine, pesant chacun cinquante livres, semblaient beaucoup trop.
Venti sacchi di farina, ciascuno del peso di cinquanta libbre, sembravano decisamente troppi.
Personne n'était prêt à ouvrir sa bourse et à risquer son argent.
Nessuno era disposto ad aprire la borsa e a rischiare i propri soldi.
Thornton s'agenouilla à côté de Buck et prit sa tête à deux mains.
Thornton si inginocchiò accanto a Buck e gli prese la testa tra entrambe le mani.
Il pressa sa joue contre celle de Buck et lui parla à l'oreille.
Premette la guancia contro quella di Buck e gli parlò all'orecchio.
Il n'y avait plus de secousses enjouées ni d'insultes affectueuses murmurées.
Non c'erano più né scossoni giocosi né insulti affettuosi sussurrati.
Il murmura simplement doucement : « Autant que tu m'aimes, Buck. »

Mormorò solo dolcemente: "Quanto mi ami, Buck."
Buck émit un gémissement silencieux, son impatience à peine contenue.
Buck emise un gemito sommesso, trattenendo a stento la sua impazienza.
Les spectateurs observaient avec curiosité la tension qui emplissait l'air.
Gli astanti osservavano con curiosità la tensione che aleggiava nell'aria.
Le moment semblait presque irréel, comme quelque chose qui dépassait la raison.
Quel momento sembrava quasi irreale, qualcosa che trascendeva la ragione.
Lorsque Thornton se leva, Buck prit doucement sa main dans ses mâchoires.
Quando Thornton si alzò, Buck gli prese delicatamente la mano tra le fauci.
Il appuya avec ses dents, puis relâcha lentement et doucement.
Premette con i denti, poi lasciò andare lentamente e delicatamente.
C'était une réponse silencieuse d'amour, non prononcée, mais comprise.
Fu una risposta silenziosa d'amore, non detta, ma compresa.
Thornton s'éloigna du chien et donna le signal.
Thornton si allontanò di molto dal cane e diede il segnale.
« Maintenant, Buck », dit-il, et Buck répondit avec un calme concentré.
"Ora, Buck", disse, e Buck rispose con calma concentrata.
Buck a resserré les traces, puis les a desserrées de quelques centimètres.
Buck tese le corde, poi le allentò di qualche centimetro.
C'était la méthode qu'il avait apprise ; sa façon de briser le traîneau.
Questo era il metodo che aveva imparato; il suo modo per rompere la slitta.

« Tiens ! » cria Thornton, sa voix aiguë dans le silence pesant.

"Caspita!" urlò Thornton, con voce acuta nel silenzio pesante.

Buck se tourna vers la droite et se jeta de tout son poids.

Buck si girò verso destra e si lanciò con tutto il suo peso.

Le mou disparut et toute la masse de Buck heurta les lignes serrées.

Il gioco svanì e tutta la massa di Buck colpì le timonerie strette.

Le traîneau tremblait et les patins émettaient un bruit de crépitement.

La slitta tremò e i pattini produssero un suono secco e scoppiettante.

« Haw ! » ordonna Thornton, changeant à nouveau la direction de Buck.

"Haw!" ordinò Thornton, cambiando di nuovo direzione a Buck.

Buck répéta le mouvement, cette fois en tirant brusquement vers la gauche.

Buck ripeté la mossa, questa volta tirando bruscamente verso sinistra.

Le traîneau craquait plus fort, les patins claquaient et se déplaçaient.

La slitta scricchiolava più forte, i pattini schioccavano e si spostavano.

La lourde charge glissait légèrement latéralement sur la neige gelée.

Il pesante carico scivolò leggermente di lato sulla neve ghiacciata.

Le traîneau s'était libéré de l'emprise du sentier glacé !

La slitta si era liberata dalla presa del sentiero ghiacciato!

Les hommes retenaient leur souffle, ignorant qu'ils ne respiraient même pas.

Gli uomini trattennero il respiro, inconsapevoli di non stare nemmeno respirando.

« Maintenant, TIREZ ! » cria Thornton à travers le silence glacial.

"Ora, TIRA!" gridò Thornton nel silenzio glaciale.
L'ordre de Thornton résonna fort, comme le claquement d'un fouet.
Il comando di Thornton risuonò netto, come lo schiocco di una frusta.
Buck se jeta en avant avec un mouvement violent et saccadé.
Buck si lanciò in avanti con un affondo violento e violento.
Tout son corps se tendit et se contracta sous l'énorme tension.
Tutto il suo corpo si irrigidì e si contrasse sotto l'enorme sforzo.
Des muscles ondulaient sous sa fourrure comme des serpents prenant vie.
I muscoli si muovevano sotto la pelliccia come serpenti che prendevano vita.
Sa large poitrine était basse, la tête tendue vers l'avant en direction du traîneau.
Il suo grande petto era basso e la testa era protesa in avanti verso la slitta.
Ses pattes bougeaient comme l'éclair, ses griffes tranchant le sol gelé.
Le sue zampe si muovevano come fulmini e gli artigli fendevano il terreno ghiacciato.
Des rainures ont été creusées profondément alors qu'il luttait pour chaque centimètre de traction.
I solchi erano profondi mentre lottava per ogni centimetro di trazione.
Le traîneau se balança, trembla et commença un mouvement lent et agité.
La slitta ondeggiò, tremò e cominciò a muoversi lentamente e in modo inquieto.
Un pied a glissé et un homme dans la foule a gémi à haute voix.
Un piede scivolò e un uomo tra la folla gemette ad alta voce.
Puis le traîneau s'élança en avant dans un mouvement saccadé et brusque.

Poi la slitta si lanciò in avanti con un movimento brusco e a scatti.

Cela ne s'est pas arrêté à nouveau - un demi-pouce... un pouce... deux pouces de plus.

Non si fermò più: mezzo pollice...un pollice...cinque pollici in più.

Les secousses devinrent plus faibles à mesure que le traîneau commençait à prendre de la vitesse.

Gli scossoni si fecero più lievi man mano che la slitta cominciava ad acquistare velocità.

Bientôt, Buck tirait avec une puissance douce et régulière.

Presto Buck cominciò a tirare con una potenza fluida e uniforme.

Les hommes haletèrent et finirent par se rappeler de respirer à nouveau.

Gli uomini sussultarono e finalmente si ricordarono di respirare di nuovo.

Ils n'avaient pas remarqué que leur souffle s'était arrêté de stupeur.

Non si erano accorti che il loro respiro si era fermato per lo stupore.

Thornton courait derrière, lançant des ordres courts et joyeux.

Thornton gli corse dietro, gridando comandi brevi e allegri.

Devant nous se trouvait une pile de bois de chauffage qui marquait la distance.

Davanti a noi c'era una catasta di legna da ardere che segnava la distanza.

Alors que Buck s'approchait du tas, les acclamations devenaient de plus en plus fortes.

Mentre Buck si avvicinava al mucchio, gli applausi diventavano sempre più forti.

Les acclamations se sont transformées en rugissement lorsque Buck a dépassé le point d'arrivée.

Gli applausi crebbero fino a diventare un boato quando Buck superò il traguardo.

Les hommes ont sauté et crié, même Matthewson a esquissé un sourire.
Gli uomini saltarono e gridarono, perfino Matthewson sorrise.
Les chapeaux volaient dans les airs, les mitaines étaient lancées sans réfléchir ni viser.
I cappelli volavano in aria e i guanti venivano lanciati senza pensarci o mirare.
Les hommes se sont attrapés et se sont serré la main sans savoir à qui.
Gli uomini si afferrarono e si strinsero la mano senza sapere chi.
Toute la foule bourdonnait d'une célébration folle et joyeuse.
Tutta la folla era in delirio, in un tripudio di gioia e di entusiasmo.
Thornton tomba à genoux à côté de Buck, les mains tremblantes.
Thornton cadde in ginocchio accanto a Buck con le mani tremanti.
Il pressa sa tête contre celle de Buck et le secoua doucement d'avant en arrière.
Premette la testa contro quella di Buck e lo scosse delicatamente avanti e indietro.
Ceux qui s'approchaient l'entendaient maudire le chien avec un amour silencieux.
Chi si avvicinava lo sentiva maledire il cane con amore silenzioso.
Il a insulté Buck pendant un long moment, doucement, chaleureusement, avec émotion.
Imprecò a lungo contro Buck, con dolcezza, calore, emozione.
« Bien, monsieur ! Bien, monsieur ! » s'écria précipitamment le roi du Banc Skookum.
"Bene, signore! Bene, signore!" esclamò di corsa il re della panchina di Skookum.
« Je vous donne mille, non, douze cents, pour ce chien, monsieur ! »
"Le darò mille, anzi milleduecento, per quel cane, signore!"

Thornton se leva lentement, les yeux brillants d'émotion.
Thornton si alzò lentamente in piedi, con gli occhi brillanti di emozione.

Les larmes coulaient ouvertement sur ses joues sans aucune honte.
Le lacrime gli rigavano le guance senza alcuna vergogna.

« Monsieur », dit-il au roi du banc Skookum, ferme et posé.
"Signore", disse al re della panchina di Skookum, con fermezza e fermezza

« Non, monsieur. Allez au diable, monsieur. C'est ma réponse définitive. »
"No, signore. Può andare all'inferno, signore. Questa è la mia risposta definitiva."

Buck attrapa doucement la main de Thornton dans ses mâchoires puissantes.
Buck afferrò delicatamente la mano di Thornton tra le sue forti mascelle.

Thornton le secoua de manière enjouée, leur lien étant plus profond que jamais.
Thornton lo scosse scherzosamente; il loro legame era più profondo che mai.

La foule, émue par l'instant, recula en silence.
La folla, commossa dal momento, fece un passo indietro in silenzio.

Dès lors, personne n'osa interrompre cette affection si sacrée.
Da quel momento in poi nessuno osò più interrompere un affetto così sacro.

Le son de l'appel
Il suono della chiamata

Buck avait gagné seize cents dollars en cinq minutes.
Buck aveva guadagnato milleseicento dollari in cinque minuti.
Cet argent a permis à John Thornton de payer une partie de ses dettes.
Il denaro permise a John Thornton di saldare alcuni dei suoi debiti.
Avec le reste de l'argent, il se dirigea vers l'Est avec ses partenaires.
Con il resto del denaro si diresse verso est insieme ai suoi soci.
Ils cherchaient une mine perdue légendaire, aussi vieille que le pays lui-même.
Cercarono una leggendaria miniera perduta, antica quanto il paese stesso.
Beaucoup d'hommes avaient cherché la mine, mais peu l'avaient trouvée.
Molti uomini avevano cercato la miniera, ma pochi l'avevano trovata.
Plus d'un homme avait disparu au cours de cette quête dangereuse.
Molti uomini erano scomparsi durante la pericolosa ricerca.
Cette mine perdue était enveloppée à la fois de mystère et d'une vieille tragédie.
Questa miniera perduta era avvolta nel mistero e nella vecchia tragedia.
Personne ne savait qui avait été le premier homme à découvrir la mine.
Nessuno sapeva chi fosse stato il primo uomo a scoprire la miniera.
Les histoires les plus anciennes ne mentionnent personne par son nom.
Le storie più antiche non menzionano nessuno per nome.
Il y avait toujours eu là une vieille cabane délabrée.
Lì c'era sempre stata una vecchia capanna fatiscente.

Des hommes mourants avaient juré qu'il y avait une mine à côté de cette vieille cabane.
I moribondi avevano giurato che vicino a quella vecchia capanna ci fosse una miniera.
Ils ont prouvé leurs histoires avec de l'or comme on n'en trouve nulle part ailleurs.
Hanno dimostrato le loro storie con un oro che non ha eguali altrove.
Aucune âme vivante n'avait jamais pillé le trésor de cet endroit.
Nessuna anima viva aveva mai saccheggiato il tesoro da quel luogo.
Les morts étaient morts, et les morts ne racontent pas d'histoires.
I morti erano morti e i morti non raccontano storie.
Thornton et ses amis se dirigèrent donc vers l'Est.
Così Thornton e i suoi amici si diressero verso Est.
Pete et Hans se sont joints à eux, amenant Buck et six chiens forts.
Si unirono a noi Pete e Hans, portando con sé Buck e sei cani robusti.
Ils se sont lancés sur un chemin inconnu là où d'autres avaient échoué.
Si avviarono lungo un sentiero sconosciuto dove altri avevano fallito.
Ils ont parcouru soixante-dix milles en traîneau sur le fleuve Yukon gelé.
Percorsero in slitta settanta miglia lungo il fiume Yukon ghiacciato.
Ils tournèrent à gauche et suivirent le sentier jusqu'au Stewart.
Girarono a sinistra e seguirono il sentiero verso lo Stewart.
Ils passèrent le Mayo et le McQuestion, poursuivant leur route.
Superarono il Mayo e il McQuestion e proseguirono oltre.
Le Stewart s'est rétréci en un ruisseau, traversant des pics déchiquetés.

Lo Stewart si restringeva fino a diventare un ruscello, infilandosi tra cime frastagliate.
Ces pics acérés marquaient l'épine dorsale même du continent.
Queste vette aguzze rappresentavano la spina dorsale del continente.
John Thornton exigeait peu des hommes ou de la nature sauvage.
John Thornton pretendeva poco dagli uomini e dalla terra selvaggia.
Il ne craignait rien dans la nature et affrontait la nature sauvage avec aisance.
Non temeva nulla della natura e affrontava la natura selvaggia con disinvoltura.
Avec seulement du sel et un fusil, il pouvait voyager où il le souhaitait.
Con solo del sale e un fucile poteva viaggiare dove voleva.
Comme les indigènes, il chassait de la nourriture pendant ses voyages.
Come gli indigeni, durante il viaggio cacciava per procurarsi il cibo.
S'il n'attrapait rien, il continuait, confiant en la chance qui l'attendait.
Se non prendeva nulla, continuava ad andare avanti, confidando nella fortuna che lo attendeva.
Au cours de ce long voyage, la viande était la principale nourriture qu'ils mangeaient.
Durante questo lungo viaggio, la carne era l'alimento principale di cui si nutrivano.
Le traîneau contenait des outils et des munitions, mais aucun horaire strict.
La slitta trasportava attrezzi e munizioni, ma non c'era un orario preciso.
Buck adorait cette errance, la chasse et la pêche sans fin.
Buck amava questo vagabondare, la caccia e la pesca senza fine.
Pendant des semaines, ils ont voyagé jour après jour.

Per settimane viaggiarono senza sosta, giorno dopo giorno.
D'autres fois, ils établissaient des camps et restaient immobiles pendant des semaines.
Altre volte si accampavano e restavano fermi per settimane.
Les chiens se reposaient pendant que les hommes creusaient dans la terre gelée.
I cani riposarono mentre gli uomini scavavano nel terreno ghiacciato.
Ils chauffaient des poêles sur des feux et cherchaient de l'or caché.
Scaldavano le padelle sul fuoco e cercavano l'oro nascosto.
Certains jours, ils souffraient de faim, et d'autres jours, ils faisaient des festins.
C'erano giorni in cui pativano la fame, altri in cui banchettavano.
Leurs repas dépendaient du gibier et de la chance de la chasse.
Il loro pasto dipendeva dalla selvaggina e dalla fortuna della caccia.
Quand l'été arrivait, les hommes et les chiens chargeaient des charges sur leur dos.
Con l'arrivo dell'estate, uomini e cani caricavano carichi sulle spalle.
Ils ont fait du rafting sur des lacs bleus cachés dans des forêts de montagne.
Fecero rafting sui laghi azzurri nascosti nelle foreste di montagna.
Ils naviguaient sur des bateaux minces sur des rivières qu'aucun homme n'avait jamais cartographiées.
Navigavano su imbarcazioni sottili su fiumi che nessun uomo aveva mai mappato.
Ces bateaux ont été construits à partir d'arbres sciés dans la nature.
Quelle barche venivano costruite con gli alberi che avevano segato in natura.

Les mois passèrent et ils sillonnèrent des terres sauvages et inconnues.
Passarono i mesi e loro viaggiarono attraverso terre selvagge e sconosciute.
Il n'y avait pas d'hommes là-bas, mais de vieilles traces suggéraient qu'il y en avait eu.
Non c'erano uomini lì, ma vecchie tracce lasciavano intendere che alcuni di loro fossero presenti.
Si la Cabane Perdue était réelle, alors d'autres étaient déjà passés par là.
Se la Capanna Perduta fosse esistita davvero, allora altre persone in passato erano passate da lì.
Ils traversaient des cols élevés dans des blizzards, même pendant l'été.
Attraversavano passi alti durante le bufere di neve, anche d'estate.
Ils frissonnaient sous le soleil de minuit sur les pentes nues des montagnes.
Rabbrividivano sotto il sole di mezzanotte sui pendii brulli delle montagne.
Entre la limite des arbres et les champs de neige, ils montaient lentement.
Tra il limite degli alberi e i campi di neve, salivano lentamente.
Dans les vallées chaudes, ils écrasaient des nuages de moucherons et de mouches.
Nelle valli calde, scacciavano nuvole di moscerini e mosche.
Ils cueillaient des baies sucrées près des glaciers en pleine floraison estivale.
Raccolsero bacche dolci vicino ai ghiacciai nel pieno della fioritura estiva.
Les fleurs qu'ils ont trouvées étaient aussi belles que celles du Southland.
I fiori che trovarono erano belli quanto quelli del Southland.
Cet automne-là, ils atteignirent une région solitaire remplie de lacs silencieux.
Quell'autunno giunsero in una regione solitaria piena di laghi silenziosi.

La terre était triste et vide, autrefois pleine d'oiseaux et de bêtes.
La terra era triste e vuota, un tempo brulicava di uccelli e animali.
Il n'y avait plus de vie, seulement le vent et la glace qui se formait dans les flaques.
Ora non c'era più vita, solo il vento e il ghiaccio che si formava nelle pozze.
Les vagues s'écrasaient sur les rivages déserts avec un son doux et lugubre.
Le onde lambivano le rive deserte con un suono dolce e lugubre.

Un autre hiver arriva et ils suivirent à nouveau de vieux sentiers lointains.
Arrivò un altro inverno e loro seguirono di nuovo deboli e vecchi sentieri.
C'étaient les traces d'hommes qui les avaient cherchés bien avant eux.
Erano le tracce di uomini che avevano cercato molto prima di loro.
Un jour, ils trouvèrent un chemin creusé profondément dans la forêt sombre.
Una volta trovarono un sentiero che si inoltrava nel profondo della foresta oscura.
C'était un vieux sentier, et ils sentaient que la cabane perdue était proche.
Era un vecchio sentiero e sentivano che la baita perduta era vicina.
Mais le sentier ne menait nulle part et s'enfonçait dans les bois épais.
Ma il sentiero non portava da nessuna parte e si perdeva nel fitto del bosco.
Personne ne savait qui avait fait ce sentier et pourquoi.
Nessuno sapeva chi avesse tracciato il sentiero e perché lo avesse fatto.

Plus tard, ils ont trouvé l'épave d'un lodge caché parmi les arbres.
Più tardi trovarono i resti di una capanna nascosta tra gli alberi.
Des couvertures pourries gisaient éparpillées là où quelqu'un avait dormi.
Coperte marce erano sparse dove un tempo qualcuno aveva dormito.
John Thornton a trouvé un fusil à silex à long canon enterré à l'intérieur.
John Thornton trovò sepolto all'interno un fucile a pietra focaia a canna lunga.
Il savait qu'il s'agissait d'un fusil de la Baie d'Hudson depuis les premiers jours de son commerce.
Sapeva fin dai primi tempi che si trattava di un cannone della Hudson Bay.
À cette époque, ces armes étaient échangées contre des piles de peaux de castor.
A quei tempi, tali armi venivano barattate con pile di pelli di castoro.
C'était tout : il ne restait aucune trace de l'homme qui avait construit le lodge.
Questo era tutto: non rimaneva alcuna traccia dell'uomo che aveva costruito la loggia.

Le printemps est revenu et ils n'ont trouvé aucun signe de la Cabane Perdue.
Arrivò di nuovo la primavera e non trovarono traccia della Capanna Perduta.
Au lieu de cela, ils trouvèrent une large vallée avec un ruisseau peu profond.
Invece trovarono un'ampia valle con un ruscello poco profondo.
L'or recouvrait le fond des casseroles comme du beurre jaune et lisse.
L'oro si stendeva sul fondo della pentola come burro giallo e liscio.

Ils s'arrêtèrent là et ne cherchèrent plus la cabane.
Si fermarono lì e non cercarono oltre la cabina.
Chaque jour, ils travaillaient et trouvaient des milliers de pièces d'or en poudre.
Ogni giorno lavoravano e ne trovavano migliaia di pezzi in polvere d'oro.
Ils ont emballé l'or dans des sacs de peau d'élan, de cinquante livres chacun.
Confezionarono l'oro in sacchi di pelle di alce, da cinquanta libbre ciascuno.
Les sacs étaient empilés comme du bois de chauffage à l'extérieur de leur petite loge.
I sacchi erano accatastati come legna da ardere fuori dal loro piccolo rifugio.
Ils travaillaient comme des géants et les jours passaient comme des rêves rapides.
Lavoravano come giganti e i giorni trascorrevano veloci come sogni.
Ils ont amassé des trésors au fil des jours sans fin.
Accumularono tesori mentre gli infiniti giorni trascorrevano rapidamente.
Les chiens n'avaient pas grand-chose à faire, à part transporter de la viande de temps en temps.
I cani avevano ben poco da fare, se non trasportare la carne di tanto in tanto.
Thornton chassait et tuait le gibier, et Buck restait allongé près du feu.
Thornton cacciò e uccise la selvaggina, mentre Buck si sdraiò accanto al fuoco.
Il a passé de longues heures en silence, perdu dans ses pensées et ses souvenirs.
Trascorse lunghe ore in silenzio, perso nei pensieri e nei ricordi.
L'image de l'homme poilu revenait de plus en plus souvent à l'esprit de Buck.
L'immagine dell'uomo peloso tornava sempre più spesso alla mente di Buck.

Maintenant que le travail se faisait rare, Buck rêvait en clignant des yeux devant le feu.
Ora che il lavoro scarseggiava, Buck sognava mentre sbatteva le palpebre verso il fuoco.
Dans ces rêves, Buck errait avec l'homme dans un autre monde.
In quei sogni, Buck vagava con l'uomo in un altro mondo.
La peur semblait être le sentiment le plus fort dans ce monde lointain.
La paura sembrava il sentimento più forte in quel mondo lontano.
Buck vit l'homme poilu dormir avec la tête baissée.
Buck vide l'uomo peloso dormire con la testa bassa.
Ses mains étaient jointes et son sommeil était agité et interrompu.
Aveva le mani giunte e il suo sonno era agitato e interrotto.
Il se réveillait en sursaut et regardait avec crainte dans le noir.
Si svegliava di soprassalto e fissava il buio con timore.
Ensuite, il jetait plus de bois sur le feu pour garder la flamme vive.
Poi aggiungeva altra legna al fuoco per mantenere viva la fiamma.
Parfois, ils marchaient le long d'une plage au bord d'une mer grise et infinie.
A volte camminavano lungo una spiaggia in riva a un mare grigio e infinito.
L'homme poilu ramassait des coquillages et les mangeait en marchant.
L'uomo peloso raccolse i frutti di mare e li mangiò mentre camminava.
Ses yeux cherchaient toujours des dangers cachés dans l'ombre.
I suoi occhi cercavano sempre pericoli nascosti nell'ombra.
Ses jambes étaient toujours prêtes à sprinter au premier signe de menace.

Le sue gambe erano sempre pronte a scattare al primo segno di minaccia.

Ils rampaient à travers la forêt, silencieux et méfiants, côte à côte.

Avanzavano furtivamente nella foresta, silenziosi e cauti, uno accanto all'altro.

Buck le suivit sur ses talons, et tous deux restèrent vigilants.

Buck lo seguì alle calcagna, ed entrambi rimasero all'erta.

Leurs oreilles frémissaient et bougeaient, leurs nez reniflaient l'air.

Le loro orecchie si muovevano e si contraevano, i loro nasi fiutavano l'aria.

L'homme pouvait entendre et sentir la forêt aussi intensément que Buck.

L'uomo riusciva a sentire e ad annusare la foresta in modo altrettanto acuto quanto Buck.

L'homme poilu se balançait à travers les arbres avec une vitesse soudaine.

L'uomo peloso si lanciò tra gli alberi a velocità improvvisa.

Il sautait de branche en branche, sans jamais lâcher prise.

Saltava da un ramo all'altro senza mai perdere la presa.

Il se déplaçait aussi vite au-dessus du sol que sur celui-ci.

Si muoveva con la stessa rapidità con cui si muoveva sopra e sopra il terreno.

Buck se souvenait des longues nuits passées sous les arbres, à veiller.

Buck ricordava le lunghe notti passate sotto gli alberi a fare la guardia.

L'homme dormait perché dans les branches, s'accrochant fermement.

L'uomo dormiva appollaiato sui rami, aggrappandosi forte.

Cette vision de l'homme poilu était étroitement liée à l'appel des profondeurs.

Questa visione dell'uomo peloso era strettamente legata al richiamo profondo.

L'appel résonnait toujours à travers la forêt avec une force obsédante.

Il richiamo risuonava ancora nella foresta con una forza inquietante.
L'appel remplit Buck de désir et d'un sentiment de joie incessant.
La chiamata riempì Buck di desiderio e di un inquieto senso di gioia.
Il ressentait d'étranges pulsions et des frémissements qu'il ne pouvait nommer.
Sentì strani impulsi e stimoli a cui non riusciva a dare un nome.
Parfois, il suivait l'appel au plus profond des bois tranquilles.
A volte seguiva la chiamata inoltrandosi nel silenzio dei boschi.
Il cherchait l'appel, aboyant doucement ou fort au fur et à mesure.
Cercava il richiamo, abbaiando piano o bruscamente mentre camminava.
Il renifla la mousse et la terre noire où poussaient les herbes.
Annusò il muschio e il terreno nero dove cresceva l'erba.
Il renifla de plaisir aux riches odeurs de la terre profonde.
Sbuffò di piacere sentendo i ricchi odori della terra profonda.
Il s'est accroupi pendant des heures derrière des troncs couverts de champignons.
Rimase accovacciato per ore dietro i tronchi ricoperti di funghi.
Il resta immobile, écoutant les yeux écarquillés chaque petit bruit.
Rimase immobile, ascoltando con gli occhi sgranati ogni minimo rumore.
Il espérait peut-être surprendre la chose qui avait lancé l'appel.
Forse sperava di sorprendere la cosa che aveva emesso la chiamata.
Il ne savait pas pourquoi il agissait de cette façon, il le faisait simplement.

Non sapeva perché si comportava in quel modo: lo faceva e basta.

Les pulsions venaient du plus profond de moi, au-delà de la pensée ou de la raison.

Questi impulsi provenivano dal profondo, al di là del pensiero o della ragione.

Des envies irrésistibles s'emparèrent de Buck sans avertissement ni raison.

Buck fu colto da impulsi irresistibili, senza preavviso o motivo.

Parfois, il somnolait paresseusement dans le camp sous la chaleur de midi.

A volte sonnecchiava pigramente nell'accampamento, sotto il caldo di mezzogiorno.

Soudain, sa tête se releva et ses oreilles se dressèrent en alerte.

All'improvviso sollevò la testa e le sue orecchie si drizzarono in allerta.

Puis il se leva d'un bond et se précipita dans la nature sans s'arrêter.

Poi balzò in piedi e si lanciò nella natura selvaggia senza fermarsi.

Il a couru pendant des heures à travers les sentiers forestiers et les espaces ouverts.

Corse per ore attraverso sentieri forestali e spazi aperti.

Il aimait suivre les lits des ruisseaux asséchés et espionner les oiseaux dans les arbres.

Amava seguire i letti asciutti dei torrenti e spiare gli uccelli sugli alberi.

Il pouvait rester caché toute la journée, à regarder les perdrix se pavaner.

Poteva restare nascosto tutto il giorno, osservando le pernici che si pavoneggiavano in giro.

Ils tambourinaient et marchaient, inconscients de la présence de Buck.

Suonavano i tamburi e marciavano, ignari della presenza immobile di Buck.

Mais ce qu'il aimait le plus, c'était courir au crépuscule en été.
Ma ciò che amava di più era correre al crepuscolo estivo.
La faible lumière et les bruits endormis de la forêt le remplissaient de joie.
La luce fioca e i suoni assonnati della foresta lo riempivano di gioia.
Il lisait les panneaux forestiers aussi clairement qu'un homme lit un livre.
Leggeva i cartelli della foresta con la stessa chiarezza con cui un uomo legge un libro.
Et il cherchait toujours la chose étrange qui l'appelait.
E cercava sempre la strana cosa che lo chiamava.
Cet appel ne s'est jamais arrêté : il l'atteignait qu'il soit éveillé ou endormi.
Quella chiamata non si è mai fermata: lo raggiungeva sia da sveglio che nel sonno.

Une nuit, il se réveilla en sursaut, les yeux perçants et les oreilles hautes.
Una notte si svegliò di soprassalto, con gli occhi acuti e le orecchie tese.
Ses narines se contractaient tandis que sa crinière se dressait en vagues.
Le sue narici si contrassero mentre la sua criniera si rizzava in onde.
Du plus profond de la forêt, le son résonna à nouveau, le vieil appel.
Dal profondo della foresta giunse di nuovo quel suono, il vecchio richiamo.
Cette fois, le son résonnait clairement, un hurlement long, obsédant et familier.
Questa volta il suono risuonò chiaro, un ululato lungo, inquietante e familiare.
C'était comme le cri d'un husky, mais d'un ton étrange et sauvage.
Era come il verso di un husky, ma dal tono strano e selvaggio.

Buck reconnut immédiatement le son – il avait entendu exactement le même son depuis longtemps.
Buck riconobbe subito quel suono: lo aveva già sentito molto tempo prima.

Il sauta à travers le camp et disparut rapidement dans les bois.
Attraversò con un balzo l'accampamento e scomparve rapidamente nel bosco.

Alors qu'il s'approchait du bruit, il ralentit et se déplaça avec précaution.
Avvicinandosi al suono, rallentò e si mosse con cautela.

Bientôt, il atteignit une clairière entre d'épais pins.
Presto raggiunse una radura tra fitti pini.

Là, debout sur ses pattes arrière, était assis un loup des bois grand et maigre.
Lì, ritto sulle zampe posteriori, sedeva un lupo grigio alto e magro.

Le nez du loup pointait vers le ciel, résonnant toujours de l'appel.
Il naso del lupo puntava verso il cielo, continuando a riecheggiare il richiamo.

Buck n'avait émis aucun son, mais le loup s'arrêta et écouta.
Buck non aveva emesso alcun suono, eppure il lupo si fermò e ascoltò.

Sentant quelque chose, le loup se tendit, scrutant l'obscurité.
Percependo qualcosa, il lupo si irrigidì e scrutò l'oscurità.

Buck apparut en rampant, le corps bas, les pieds immobiles sur le sol.
Buck si fece avanti furtivamente, con il corpo basso e i piedi ben appoggiati al terreno.

Sa queue était droite, son corps enroulé sous la tension.
La sua coda era dritta e il suo corpo era teso e teso.

Il a montré à la fois une menace et une sorte d'amitié brutale.
Manifestava sia un atteggiamento minaccioso che una sorta di rude amicizia.

C'était le salut prudent partagé par les bêtes sauvages.

Era il saluto cauto tipico delle bestie selvatiche.
Mais le loup se retourna et s'enfuit dès qu'il vit Buck.
Ma il lupo si voltò e fuggì non appena vide Buck.
Buck se lança à sa poursuite, sautant sauvagement, désireux de le rattraper.
Buck si lanciò all'inseguimento, saltando selvaggiamente, desideroso di raggiungerlo.
Il suivit le loup dans un ruisseau asséché bloqué par un embâcle.
Seguì il lupo in un ruscello secco bloccato da un ingorgo di tronchi.
Acculé, le loup se retourna et tint bon.
Messo alle strette, il lupo si voltò e rimase fermo.
Le loup grognait et claquait comme un chien husky pris au piège dans un combat.
Il lupo ringhiò e schioccò i denti come un husky intrappolato in una rissa.
Les dents du loup claquaient rapidement, son corps se hérissant d'une fureur sauvage.
I denti del lupo schioccarono rapidamente e il suo corpo si irrigidì per la furia selvaggia.
Buck n'attaqua pas mais encercla le loup avec une gentillesse prudente.
Buck non attaccò, ma girò intorno al lupo con attenta cordialità.
Il a essayé de bloquer sa fuite par des mouvements lents et inoffensifs.
Cercò di bloccargli la fuga con movimenti lenti e innocui.
Le loup était méfiant et effrayé : Buck le dépassait trois fois.
Il lupo era cauto e spaventato: Buck lo superava di peso tre volte.
La tête du loup atteignait à peine l'épaule massive de Buck.
La testa del lupo arrivava a malapena all'altezza della spalla massiccia di Buck.
À l'affût d'une brèche, le loup s'est enfui et la poursuite a repris.

Il lupo, attento a individuare un varco, si lanciò e l'inseguimento ricominciò.
Plusieurs fois, Buck l'a coincé et la danse s'est répétée.
Buck lo mise alle strette più volte e la danza si ripeté.
Le loup était maigre et faible, sinon Buck n'aurait pas pu l'attraper.
Il lupo era magro e debole, altrimenti Buck non avrebbe potuto catturarlo.
Chaque fois que Buck s'approchait, le loup se retournait et lui faisait face avec peur.
Ogni volta che Buck si avvicinava, il lupo si girava di scatto e lo affrontava spaventato.
Puis, à la première occasion, il s'est précipité dans les bois une fois de plus.
Poi, alla prima occasione, si precipitò di nuovo nel bosco.
Mais Buck n'a pas abandonné et finalement le loup a fini par lui faire confiance.
Ma Buck non si arrese e alla fine il lupo imparò a fidarsi di lui.
Il renifla le nez de Buck, et les deux devinrent joueurs et alertes.
Annusò il naso di Buck e i due diventarono giocosi e attenti.
Ils jouaient comme des animaux sauvages, féroces mais timides dans leur joie.
Giocavano come animali selvaggi, feroci ma timidi nella loro gioia.
Au bout d'un moment, le loup s'éloigna au trot avec un calme déterminé.
Dopo un po' il lupo trotterellò via con calma e decisione.
Il a clairement montré à Buck qu'il voulait être suivi.
Dimostrò chiaramente a Buck che intendeva essere seguito.
Ils couraient côte à côte dans l'obscurité du crépuscule.
Correvano fianco a fianco nel buio della sera.
Ils suivirent le lit du ruisseau jusqu'à la gorge rocheuse.
Seguirono il letto del torrente fino alla gola rocciosa.
Ils traversèrent une ligne de partage des eaux froide où le ruisseau avait pris sa source.

Attraversarono un freddo spartiacque nel punto in cui aveva avuto origine il fiume.

Sur la pente la plus éloignée, ils trouvèrent une vaste forêt et de nombreux ruisseaux.

Sul pendio più lontano trovarono un'ampia foresta e molti corsi d'acqua.

À travers ce vaste territoire, ils ont couru pendant des heures sans s'arrêter.

Corsero per ore senza fermarsi attraverso quella terra immensa.

Le soleil se leva plus haut, l'air devint chaud, mais ils continuèrent à courir.

Il sole saliva sempre più alto, l'aria si faceva calda, ma loro continuavano a correre.

Buck était rempli de joie : il savait qu'il répondait à son appel.

Buck era pieno di gioia: sapeva di aver risposto alla sua chiamata.

Il courut à côté de son frère de la forêt, plus près de la source de l'appel.

Corse accanto al fratello della foresta, più vicino alla fonte della chiamata.

De vieux sentiments sont revenus, puissants et difficiles à ignorer.

I vecchi sentimenti ritornano, potenti e difficili da ignorare.

C'étaient les vérités derrière les souvenirs de ses rêves.

Queste erano le verità nascoste nei ricordi dei suoi sogni.

Il avait déjà fait tout cela auparavant, dans un monde lointain et obscur.

Tutto questo lo aveva già fatto in un mondo lontano e oscuro.

Il recommença alors, courant librement avec le ciel ouvert au-dessus.

Questa volta lo fece di nuovo, scatenandosi con il cielo aperto sopra di lui.

Ils s'arrêtèrent près d'un ruisseau pour boire l'eau froide qui coulait.

Si fermarono presso un ruscello per bere l'acqua fredda che scorreva.
Alors qu'il buvait, Buck se souvint soudain de John Thornton.
Mentre beveva, Buck si ricordò improvvisamente di John Thornton.
Il s'assit en silence, déchiré par l'attrait de la loyauté et de l'appel.
Si sedette in silenzio, lacerato dal sentimento di lealtà e dalla chiamata.
Le loup continua à trotter, mais revint pour pousser Buck à avancer.
Il lupo continuò a trottare, ma tornò indietro per incitare Buck ad andare avanti.
Il renifla son nez et essaya de le cajoler avec des gestes doux.
Gli annusò il naso e cercò di convincerlo con gesti gentili.
Mais Buck se retourna et reprit le chemin par lequel il était venu.
Ma Buck si voltò e riprese a tornare indietro per la strada da cui era venuto.
Le loup courut à côté de lui pendant un long moment, gémissant doucement.
Il lupo gli corse accanto per molto tempo, guaindo piano.
Puis il s'assit, leva le nez et poussa un long hurlement.
Poi si sedette, alzò il naso ed emise un lungo ululato.
C'était un cri lugubre, qui s'adoucit à mesure que Buck s'éloignait.
Era un grido lugubre, che si addolcì mentre Buck si allontanava.
Buck écouta le son du cri s'estomper lentement dans le silence de la forêt.
Buck ascoltò mentre il suono del grido svaniva lentamente nel silenzio della foresta.
John Thornton était en train de dîner lorsque Buck a fait irruption dans le camp.
John Thornton stava cenando quando Buck irruppe nell'accampamento.

Buck sauta sauvagement sur lui, le léchant, le mordant et le faisant culbuter.
Buck gli saltò addosso selvaggiamente, leccandolo, mordendolo e facendolo rotolare.

Il l'a renversé, s'est hissé dessus et l'a embrassé sur le visage.
Lo fece cadere, gli saltò sopra e gli baciò il viso.

Thornton appelait cela avec affection « jouer le fou du commun ».
Thornton lo definì con affetto "fare il buffone".

Pendant tout ce temps, il maudissait doucement Buck et le secouait d'avant en arrière.
Nel frattempo, imprecava dolcemente contro Buck e lo scuoteva avanti e indietro.

Pendant deux jours et deux nuits entières, Buck n'a pas quitté le camp une seule fois.
Per due interi giorni e due notti, Buck non lasciò l'accampamento nemmeno una volta.

Il est resté proche de Thornton et ne l'a jamais quitté des yeux.
Si teneva vicino a Thornton e non lo perdeva mai di vista.

Il le suivait pendant qu'il travaillait et le regardait pendant qu'il mangeait.
Lo seguiva mentre lavorava e lo osservava mentre mangiava.

Il voyait Thornton dans ses couvertures la nuit et dehors chaque matin.
Di notte vedeva Thornton avvolto nelle sue coperte e ogni mattina lo vedeva uscire.

Mais bientôt l'appel de la forêt revint, plus fort que jamais.
Ma presto il richiamo della foresta ritornò, più forte che mai.

Buck devint à nouveau agité, agité par les pensées du loup sauvage.
Buck si sentì di nuovo irrequieto, agitato dal pensiero del lupo selvatico.

Il se souvenait de la terre ouverte et de la course côte à côte.
Ricordava la terra aperta e le corse fianco a fianco.

Il commença à errer à nouveau dans la forêt, seul et alerte.
Ricominciò a vagare nella foresta, solo e vigile.

Mais le frère sauvage ne revint pas et le hurlement ne fut pas entendu.
Ma il fratello selvaggio non tornò e l'ululato non fu udito.
Buck a commencé à dormir dehors, restant absent pendant des jours.
Buck cominciò a dormire all'aperto, restando lontano anche per giorni interi.
Une fois, il traversa la haute ligne de partage des eaux où le ruisseau commençait.
Una volta attraversò l'alto spartiacque dove aveva origine il torrente.
Il entra dans le pays des bois sombres et des larges ruisseaux.
Entrò nella terra degli alberi scuri e dei grandi corsi d'acqua.
Pendant une semaine, il a erré, à la recherche de signes de son frère sauvage.
Vagò per una settimana alla ricerca di tracce del fratello selvaggio.
Il tuait sa propre viande et voyageait à grands pas, sans relâche.
Uccideva la propria carne e viaggiava a passi lunghi e instancabili.
Il pêchait le saumon dans une large rivière qui se jetait dans la mer.
Pescò salmoni in un ampio fiume che arrivava fino al mare.
Là, il combattit et tua un ours noir rendu fou par les insectes.
Lì lottò e uccise un orso nero reso pazzo dagli insetti.
L'ours était en train de pêcher et courait aveuglément à travers les arbres.
L'orso stava pescando e corse alla cieca tra gli alberi.
La bataille fut féroce, réveillant le profond esprit combatif de Buck.
La battaglia fu feroce e risvegliò il profondo spirito combattivo di Buck.
Deux jours plus tard, Buck est revenu et a trouvé des carcajous près de sa proie.

Due giorni dopo, Buck tornò e trovò dei ghiottoni nei pressi della sua preda.

Une douzaine d'entre eux se disputaient la viande avec une fureur bruyante.

Una dozzina di loro litigarono furiosamente e rumorosamente per la carne.

Buck chargea et les dispersa comme des feuilles dans le vent.

Buck caricò e li disperse come foglie al vento.

Deux loups restèrent derrière, silencieux, sans vie et immobiles pour toujours.

Due lupi rimasero indietro: silenziosi, senza vita e immobili per sempre.

La soif de sang était plus forte que jamais.

La sete di sangue divenne più forte che mai.

Buck était un chasseur, un tueur, se nourrissant de créatures vivantes.

Buck era un cacciatore, un assassino, che si nutriva di creature viventi.

Il a survécu seul, en s'appuyant sur sa force et ses sens aiguisés.

Sopravvisse da solo, affidandosi alla sua forza e ai suoi sensi acuti.

Il prospérait dans la nature, où seuls les plus résistants pouvaient vivre.

Prosperava nella natura selvaggia, dove solo i più forti potevano sopravvivere.

De là, une grande fierté s'éleva et remplit tout l'être de Buck.

Da ciò nacque un grande orgoglio che riempì tutto l'essere di Buck.

Sa fierté se reflétait dans chacun de ses pas, dans le mouvement de chacun de ses muscles.

Il suo orgoglio traspariva da ogni passo, dal fremito di ogni muscolo.

Sa fierté était aussi claire qu'un discours, visible dans la façon dont il se comportait.

Il suo orgoglio era evidente, come si vedeva dal suo comportamento.
Même son épais pelage semblait plus majestueux et brillait davantage.
Persino il suo spesso mantello appariva più maestoso e splendeva di più.
Buck aurait pu être confondu avec un loup géant.
Buck avrebbe potuto essere scambiato per un lupo grigio gigante.
À l'exception du brun sur son museau et des taches au-dessus de ses yeux.
A parte il marrone sul muso e le macchie sopra gli occhi.
Et la traînée de fourrure blanche qui courait au milieu de sa poitrine.
E la striscia bianca di pelo che gli correva lungo il centro del petto.
Il était encore plus grand que le plus grand loup de cette race féroce.
Era addirittura più grande del più grande lupo di quella feroce razza.
Son père, un Saint-Bernard, lui a donné de la taille et une ossature lourde.
Suo padre, un San Bernardo, gli ha trasmesso la stazza e la corporatura robusta.
Sa mère, une bergère, a façonné cette masse en forme de loup.
Sua madre, una pastorella, plasmò quella mole conferendole la forma di un lupo.
Il avait le long museau d'un loup, bien que plus lourd et plus large.
Aveva il muso lungo di un lupo, anche se più pesante e largo.
Sa tête était celle d'un loup, mais construite à une échelle massive et majestueuse.
La sua testa era quella di un lupo, ma di dimensioni enormi e maestose.
La ruse de Buck était la ruse du loup et de la nature.

L'astuzia di Buck era l'astuzia del lupo e della natura selvaggia.

Son intelligence lui vient à la fois du berger allemand et du Saint-Bernard.

La sua intelligenza gli venne sia dal Pastore Tedesco che dal San Bernardo.

Tout cela, ajouté à une expérience difficile, faisait de lui une créature redoutable.

Tutto ciò, unito alla dura esperienza, lo rese una creatura temibile.

Il était aussi redoutable que n'importe quelle bête qui parcourait les régions sauvages du nord.

Era formidabile quanto qualsiasi animale che vagasse nelle terre selvagge del nord.

Ne se nourrissant que de viande, Buck a atteint le sommet de sa force.

Nutrendosi solo di carne, Buck raggiunse l'apice della sua forza.

Il débordait de puissance et de force masculine dans chaque fibre de son être.

Trasudava potenza e forza maschile in ogni fibra del suo corpo.

Lorsque Thornton lui caressait le dos, ses poils brillaient d'énergie.

Quando Thornton gli accarezzò la schiena, i peli brillarono di energia.

Chaque cheveu crépitait, chargé du contact du magnétisme vivant.

Ogni capello scricchiolava, carico del tocco di un magnetismo vivente.

Son corps et son cerveau étaient réglés sur le ton le plus fin possible.

Il suo corpo e il suo cervello erano sintonizzati sulla tonalità più fine possibile.

Chaque nerf, chaque fibre et chaque muscle fonctionnaient en parfaite harmonie.

Ogni nervo, ogni fibra e ogni muscolo lavoravano in perfetta armonia.

À tout son ou toute vue nécessitant une action, il répondait instantanément.

A qualsiasi suono o visione che richiedesse un intervento, rispondeva immediatamente.

Si un husky sautait pour attaquer, Buck pouvait sauter deux fois plus vite.

Se un husky saltava per attaccare, Buck poteva saltare due volte più velocemente.

Il a réagi plus vite que les autres ne pouvaient le voir ou l'entendre.

Reagì più rapidamente di quanto gli altri potessero vedere o sentire.

La perception, la décision et l'action se sont produites en un seul instant fluide.

Percezione, decisione e azione avvennero tutte in un unico, fluido istante.

En vérité, ces actes étaient distincts, mais trop rapides pour être remarqués.

In realtà si tratta di atti separati, ma troppo rapidi per essere notati.

Les intervalles entre ces actes étaient si brefs qu'ils semblaient n'en faire qu'un.

Gli intervalli tra questi atti erano così brevi che sembravano uno solo.

Ses muscles et son être étaient comme des ressorts étroitement enroulés.

I suoi muscoli e il suo essere erano come molle strettamente avvolte.

Son corps débordait de vie, sauvage et joyeux dans sa puissance.

Il suo corpo traboccava di vita, selvaggia e gioiosa nella sua potenza.

Parfois, il avait l'impression que la force allait jaillir de lui entièrement.

A volte aveva la sensazione che la forza stesse per esplodere completamente dentro di lui.

« Il n'y a jamais eu un tel chien », a déclaré Thornton un jour tranquille.

"Non c'è mai stato un cane simile", disse Thornton un giorno tranquillo.

Les partenaires regardaient Buck sortir fièrement du camp.

I soci osservarono Buck uscire fiero dall'accampamento.

« Lorsqu'il a été créé, il a changé ce que pouvait être un chien », a déclaré Pete.

"Quando è stato creato, ha cambiato il modo in cui un cane può essere", ha detto Pete.

« Par Jésus ! Je le pense moi-même », acquiesça rapidement Hans.

"Per Dio! Lo penso anch'io", concordò subito Hans.

Ils l'ont vu s'éloigner, mais pas le changement qui s'est produit après.

Lo videro allontanarsi, ma non il cambiamento che avvenne dopo.

Dès qu'il est entré dans les bois, Buck s'est complètement transformé.

Non appena entrò nel bosco, Buck si trasformò completamente.

Il ne marchait plus, mais se déplaçait comme un fantôme sauvage parmi les arbres.

Non marciava più, ma si muoveva come uno spettro selvaggio tra gli alberi.

Il devint silencieux, les pieds comme un chat, une lueur traversant les ombres.

Divenne silenzioso, come un gatto, un bagliore che attraversava le ombre.

Il utilisait la couverture avec habileté, rampant sur le ventre comme un serpent.

Usava la copertura con abilità, strisciando sulla pancia come un serpente.

Et comme un serpent, il pouvait bondir en avant et frapper en silence.

E come un serpente, sapeva balzare in avanti e colpire in silenzio.
Il pourrait voler un lagopède directement dans son nid caché.
Potrebbe rubare una pernice bianca direttamente dal suo nido nascosto.
Il a tué des lapins endormis sans un seul bruit.
Uccideva i conigli addormentati senza emettere alcun suono.
Il pouvait attraper des tamias en plein vol alors qu'ils fuyaient trop lentement.
Riusciva a catturare gli scoiattoli a mezz'aria anche se fuggivano troppo lentamente.
Même les poissons dans les bassins ne pouvaient échapper à ses attaques soudaines.
Nemmeno i pesci nelle pozze riuscivano a sfuggire ai suoi attacchi improvvisi.
Même les castors astucieux qui réparaient les barrages n'étaient pas à l'abri de lui.
Nemmeno i furbi castori impegnati a riparare le dighe erano al sicuro da lui.
Il tuait pour se nourrir, pas pour le plaisir, mais il préférait tuer ses propres victimes.
Uccideva per nutrirsi, non per divertirsi, ma preferiva uccidere le proprie vittime.
Pourtant, un humour sournois traversait certaines de ses chasses silencieuses.
Eppure, un umorismo subdolo permeava alcune delle sue cacce silenziose.
Il s'est approché des écureuils, mais les a laissés s'échapper.
Si avvicinò furtivamente agli scoiattoli, solo per lasciarli scappare.
Ils allaient fuir vers les arbres, bavardant dans une rage effrayée.
Stavano per fuggire tra gli alberi, chiacchierando con rabbia e paura.
À l'arrivée de l'automne, les orignaux ont commencé à apparaître en plus grand nombre.

Con l'arrivo dell'autunno, le alci cominciarono ad apparire in numero maggiore.
Ils se sont déplacés lentement vers les basses vallées pour affronter l'hiver.
Si spostarono lentamente verso le basse valli per affrontare l'inverno.
Buck avait déjà abattu un jeune veau errant.
Buck aveva già abbattuto un giovane vitello randagio.
Mais il aspirait à affronter des proies plus grandes et plus dangereuses.
Ma lui desiderava ardentemente affrontare prede più grandi e pericolose.
Un jour, à la ligne de partage des eaux, à la tête du ruisseau, il trouva sa chance.
Un giorno, sul crinale, alla sorgente del torrente, trovò la sua occasione.
Un troupeau de vingt orignaux avait traversé des terres boisées.
Una mandria di venti alci era giunta da terre boscose.
Parmi eux se trouvait un puissant taureau, le chef du groupe.
Tra loro c'era un possente toro, il capo del gruppo.
Le taureau mesurait plus de six pieds de haut et avait l'air féroce et sauvage.
Il toro era alto più di due metri e mezzo e appariva feroce e selvaggio.
Il lança ses larges bois, quatorze pointes se ramifiant vers l'extérieur.
Lanciò le sue grandi corna, le cui quattordici punte si diramavano verso l'esterno.
Les extrémités de ces bois s'étendaient sur sept pieds de large.
Le punte di quelle corna si estendevano per due metri.
Ses petits yeux brûlaient de rage lorsqu'il aperçut Buck à proximité.
I suoi piccoli occhi ardevano di rabbia quando vide Buck lì vicino.

Il poussa un rugissement furieux, tremblant de fureur et de douleur.
Emise un ruggito furioso, tremando di rabbia e dolore.
Une pointe de flèche sortait près de son flanc, empennée et pointue.
Vicino al suo fianco spuntava la punta di una freccia, appuntita e piumata.
Cette blessure a contribué à expliquer son humeur sauvage et amère.
Questa ferita contribuì a spiegare il suo umore selvaggio e amareggiato.
Buck, guidé par un ancien instinct de chasseur, a fait son mouvement.
Buck, guidato dall'antico istinto di caccia, fece la sua mossa.
Son objectif était de séparer le taureau du reste du troupeau.
Il suo obiettivo era separare il toro dal resto della mandria.
Ce n'était pas une tâche facile : il fallait de la rapidité et une ruse féroce.
Non era un compito facile: richiedeva velocità e una grande astuzia.
Il aboyait et dansait près du taureau, juste hors de portée.
Abbaiava e danzava vicino al toro, appena fuori dalla sua portata.
L'élan s'est précipité avec d'énormes sabots et des bois mortels.
L'alce si lanciò con enormi zoccoli e corna mortali.
Un seul coup aurait pu mettre fin à la vie de Buck en un clin d'œil.
Un colpo avrebbe potuto porre fine alla vita di Buck in un batter d'occhio.
Incapable de laisser la menace derrière lui, le taureau devint fou.
Incapace di abbandonare la minaccia, il toro si infuriò.
Il chargea avec fureur, mais Buck s'échappa toujours.
Lui caricava con furia, ma Buck riusciva sempre a sfuggirgli.
Buck simula une faiblesse, l'attirant plus loin du troupeau.

Buck finse di essere debole, allontanandosi ulteriormente dalla mandria.
Mais les jeunes taureaux allaient charger pour protéger le leader.
Ma i giovani tori sarebbero tornati alla carica per proteggere il capo.
Ils ont forcé Buck à battre en retraite et le taureau à rejoindre le groupe.
Costrinsero Buck a ritirarsi e il toro a ricongiungersi al gruppo.
Il y a une patience dans la nature, profonde et imparable.
C'è una pazienza nella natura selvaggia, profonda e inarrestabile.
Une araignée attend immobile dans sa toile pendant d'innombrables heures.
Un ragno resta immobile nella sua tela per innumerevoli ore.
Un serpent s'enroule sans tressaillement et attend que son heure soit venue.
Un serpente si avvolge su se stesso senza contrarsi e aspetta il momento giusto.
Une panthère se tient en embuscade, jusqu'à ce que le moment arrive.
Una pantera è in agguato, finché non arriva il momento.
C'est la patience des prédateurs qui chassent pour survivre.
Questa è la pazienza dei predatori che cacciano per sopravvivere.
Cette même patience brûlait à l'intérieur de Buck alors qu'il restait proche.
La stessa pazienza ardeva dentro Buck mentre gli restava accanto.
Il resta près du troupeau, ralentissant sa marche et suscitant la peur.
Rimase vicino alla mandria, rallentandone la marcia e incutendo timore.
Il taquinait les jeunes taureaux et harcelait les vaches mères.
Provocava i giovani tori e molestava le mucche madri.

Il a plongé le taureau blessé dans une rage encore plus profonde et impuissante.
Spinse il toro ferito in una rabbia ancora più profonda e impotente.
Pendant une demi-journée, le combat s'est prolongé sans aucun répit.
Per mezza giornata il combattimento si trascinò senza alcuna tregua.
Buck attaquait sous tous les angles, rapide et féroce comme le vent.
Buck attaccò da ogni angolazione, veloce e feroce come il vento.
Il a empêché le taureau de se reposer ou de se cacher avec son troupeau.
Impedì al toro di riposare o di nascondersi con la mandria.
Le cerf a épuisé la volonté de l'élan plus vite que son corps.
Buck logorò la volontà dell'alce più velocemente del suo corpo.
La journée passa et le soleil se coucha bas dans le ciel du nord-ouest.
Il giorno passò e il sole tramontò basso nel cielo a nord-ovest.
Les jeunes taureaux revinrent plus lentement pour aider leur chef.
I giovani tori tornarono più lentamente per aiutare il loro capo.
Les nuits d'automne étaient revenues et l'obscurité durait désormais six heures.
Erano tornate le notti autunnali e il buio durava ormai sei ore.
L'hiver les poussait vers des vallées plus sûres et plus chaudes.
L'inverno li spingeva verso valli più sicure e calde.
Mais ils ne pouvaient toujours pas échapper au chasseur qui les retenait.
Ma non riuscirono comunque a sfuggire al cacciatore che li tratteneva.
Une seule vie était en jeu : pas celle du troupeau, mais celle de leur chef.

Era in gioco solo una vita: non quella del branco, ma quella del loro capo.

Cela rendait la menace lointaine et non leur préoccupation urgente.

Ciò rendeva la minaccia lontana e non una loro preoccupazione urgente.

Au fil du temps, ils ont accepté ce prix et ont laissé Buck prendre le vieux taureau.

Col tempo accettarono questo prezzo e lasciarono che Buck prendesse il vecchio toro.

Alors que le crépuscule s'installait, le vieux taureau se tenait debout, la tête baissée.

Mentre calava il crepuscolo, il vecchio toro rimase in piedi con la testa bassa.

Il regarda le troupeau qu'il avait conduit disparaître dans la lumière déclinante.

Guardò la mandria che aveva guidato svanire nella luce morente.

Il y avait des vaches qu'il avait connues, des veaux qu'il avait autrefois engendrés.

C'erano mucche che aveva conosciuto, vitelli che un tempo aveva generato.

Il y avait des taureaux plus jeunes qu'il avait combattus et dominés au cours des saisons précédentes.

C'erano tori più giovani con cui aveva combattuto e che aveva dominato nelle stagioni passate.

Il ne pouvait pas les suivre, car Buck était à nouveau accroupi devant lui.

Non poteva seguirli, perché davanti a lui era di nuovo accovacciato Buck.

La terreur impitoyable aux crocs bloquait tous les chemins qu'il pouvait emprunter.

Il terrore spietato e zannuto gli bloccava ogni via che potesse percorrere.

Le taureau pesait plus de trois cents livres de puissance dense.

Il toro pesava più di trecento chili di potenza densa.

Il avait vécu longtemps et s'était battu avec acharnement dans un monde de luttes.
Aveva vissuto a lungo e lottato duramente in un mondo di difficoltà.

Mais maintenant, à la fin, la mort venait d'une bête bien en dessous de lui.
Eppure, alla fine, la morte gli venne commessa da una bestia molto più bassa di lui.

La tête de Buck n'atteignait même pas les énormes genoux noueux du taureau.
La testa di Buck non arrivò nemmeno alle enormi ginocchia noccate del toro.

À partir de ce moment, Buck resta avec le taureau nuit et jour.
Da quel momento in poi, Buck rimase con il toro notte e giorno.

Il ne lui a jamais laissé de repos, ne lui a jamais permis de brouter ou de boire.
Non gli dava mai tregua, non gli permetteva mai di brucare o bere.

Le taureau a essayé de manger de jeunes pousses de bouleau et des feuilles de saule.
Il toro cercò di mangiare giovani germogli di betulla e foglie di salice.

Mais Buck le repoussa, toujours alerte et toujours attaquant.
Ma Buck lo scacciò, sempre all'erta e sempre all'attacco.

Même dans les ruisseaux qui ruisselaient, Buck bloquait toute tentative assoiffée.
Anche nei torrenti che scorrevano, Buck bloccava ogni assetato tentativo.

Parfois, par désespoir, le taureau s'enfuyait à toute vitesse.
A volte, in preda alla disperazione, il toro fuggiva a tutta velocità.

Buck le laissa courir, galopant calmement juste derrière, jamais très loin.
Buck lo lasciò correre, avanzando tranquillamente dietro di lui, senza mai allontanarsi troppo.

Lorsque l'élan s'arrêta, Buck s'allongea, mais resta prêt.
Quando l'alce si fermò, Buck si sdraiò, ma rimase pronto.
Si le taureau essayait de manger ou de boire, Buck frappait avec une fureur totale.
Se il toro provava a mangiare o a bere, Buck colpiva con tutta la sua furia.
La grosse tête du taureau s'affaissait sous ses vastes bois.
La grande testa del toro si abbassava sotto le enormi corna.
Son rythme ralentit, le trot devint lourd, une marche trébuchante.
Il suo passo rallentò, il trotto divenne pesante, un'andatura barcollante.
Il restait souvent immobile, les oreilles tombantes et le nez au sol.
Spesso restava immobile con le orecchie abbassate e il naso rivolto verso il terreno.
Pendant ces moments-là, Buck prenait le temps de boire et de se reposer.
In quei momenti Buck si prese del tempo per bere e riposare.
La langue tirée, les yeux fixés, Buck sentait que la terre était en train de changer.
Con la lingua fuori e gli occhi fissi, Buck sentì che la terra stava cambiando.
Il sentit quelque chose de nouveau se déplacer dans la forêt et dans le ciel.
Sentì qualcosa di nuovo muoversi nella foresta e nel cielo.
Avec le retour des orignaux, d'autres créatures sauvages ont fait de même.
Con il ritorno delle alci tornarono anche altre creature selvatiche.
La terre semblait vivante, avec une présence invisible mais fortement connue.
La terra sembrava viva di una presenza invisibile ma fortemente nota.
Ce n'était ni par l'ouïe, ni par la vue, ni par l'odorat que Buck le savait.
Buck non lo sapeva tramite l'udito, la vista o l'olfatto.

Un sentiment plus profond lui disait que de nouvelles forces étaient en mouvement.
Un sentimento più profondo gli diceva che nuove forze erano in movimento.
Une vie étrange s'agitait dans les bois et le long des ruisseaux.
Una strana vita si agitava nei boschi e lungo i corsi d'acqua.
Il a décidé d'explorer cet esprit, une fois la chasse terminée.
Decise di esplorare questo spirito una volta completata la caccia.
Le quatrième jour, Buck a finalement abattu l'élan.
Il quarto giorno, Buck riuscì finalmente a catturare l'alce.
Il est resté près de la proie pendant une journée et une nuit entières, se nourrissant et se reposant.
Rimase nei pressi della preda per un giorno e una notte interi, nutrendosi e riposandosi.
Il mangea, puis dormit, puis mangea à nouveau, jusqu'à ce qu'il soit fort et rassasié.
Mangiò, poi dormì, poi mangiò ancora, finché non fu forte e sazio.
Lorsqu'il fut prêt, il retourna vers le camp et Thornton.
Quando fu pronto, tornò indietro verso l'accampamento e Thornton.
D'un pas régulier, il commença le long voyage de retour vers la maison.
Con passo costante iniziò il lungo viaggio di ritorno verso casa.
Il courait d'un pas infatigable, heure après heure, sans jamais s'égarer.
Correva con la sua andatura instancabile, ora dopo ora, senza mai smarrirsi.
À travers des terres inconnues, il se déplaçait droit comme l'aiguille d'une boussole.
Attraverso terre sconosciute, si muoveva dritto come l'ago di una bussola.
Son sens de l'orientation faisait paraître l'homme et la carte faibles en comparaison.

Il suo senso dell'orientamento faceva sembrare deboli, al confronto, l'uomo e la mappa.

Tandis que Buck courait, il sentait plus fortement l'agitation dans la terre sauvage.
Mentre Buck correva, sentiva sempre più forte l'agitazione nella terra selvaggia.

C'était un nouveau genre de vie, différent de celui des mois calmes de l'été.
Era un nuovo tipo di vita, diverso da quello dei tranquilli mesi estivi.

Ce sentiment n'était plus un message subtil ou distant.
Questa sensazione non giungeva più come un messaggio sottile o distante.

Maintenant, les oiseaux parlaient de cette vie et les écureuils en bavardaient.
Ora gli uccelli parlavano di questa vita e gli scoiattoli chiacchieravano.

Même la brise murmurait des avertissements à travers les arbres silencieux.
Persino la brezza sussurrava avvertimenti tra gli alberi silenziosi.

Il s'arrêta à plusieurs reprises et respira l'air frais du matin.
Più volte si fermò ad annusare l'aria fresca del mattino.

Il y lut un message qui le fit bondir plus vite en avant.
Lì lesse un messaggio che lo fece fare un balzo in avanti più velocemente.

Un lourd sentiment de danger l'envahit, comme si quelque chose s'était mal passé.
Fu pervaso da un forte senso di pericolo, come se qualcosa fosse andato storto.

Il craignait qu'une catastrophe ne se produise – ou ne soit déjà arrivée.
Temeva che la calamità stesse per arrivare, o che fosse già arrivata.

Il franchit la dernière crête et entra dans la vallée en contrebas.
Superò l'ultima cresta ed entrò nella valle sottostante.

Il se déplaçait plus lentement, alerte et prudent à chaque pas.
Si muoveva più lentamente, attento e cauto a ogni passo.
À trois milles de là, il trouva une piste fraîche qui le fit se raidir.
Dopo tre miglia trovò una pista fresca che lo fece irrigidire.
Les cheveux le long de son cou ondulaient et se hérissaient d'alarme.
I peli sul collo si rizzarono e si rizzarono in segno di allarme.
Le sentier menait directement au camp où Thornton attendait.
Il sentiero portava dritto all'accampamento dove Thornton aspettava.
Buck se déplaçait désormais plus rapidement, sa foulée à la fois silencieuse et rapide.
Buck ora si muoveva più velocemente, con passi silenziosi e rapidi.
Ses nerfs se sont resserrés lorsqu'il a lu des signes que d'autres allaient manquer.
I suoi nervi si irrigidirono mentre leggeva segnali che altri non avrebbero notato.
Chaque détail du sentier racontait une histoire, sauf le dernier morceau.
Ogni dettaglio del percorso raccontava una storia, tranne l'ultimo pezzo.
Son nez lui parlait de la vie qui s'était déroulée ici.
Il suo naso gli raccontò della vita che aveva trascorso lì.
L'odeur lui donnait une image changeante alors qu'il le suivait de près.
L'odore gli fornì un'immagine mutevole mentre lo seguiva da vicino.
Mais la forêt elle-même était devenue silencieuse, anormalement immobile.
Ma la foresta stessa era diventata silenziosa, innaturalmente immobile.
Les oiseaux avaient disparu, les écureuils étaient cachés, silencieux et immobiles.

Gli uccelli erano scomparsi, gli scoiattoli erano nascosti, silenziosi e immobili.
Il n'a vu qu'un seul écureuil gris, allongé sur un arbre mort.
Vide solo uno scoiattolo grigio, sdraiato su un albero morto.
L'écureuil se fondait dans la masse, raide et immobile comme une partie de la forêt.
Lo scoiattolo si mimetizzava, rigido e immobile come una parte della foresta.
Buck se déplaçait comme une ombre, silencieux et sûr à travers les arbres.
Buck si muoveva come un'ombra, silenzioso e sicuro tra gli alberi.
Son nez se souleva sur le côté comme s'il était tiré par une main invisible.
Il suo naso si mosse di lato come se fosse stato tirato da una mano invisibile.
Il se retourna et suivit la nouvelle odeur jusqu'au plus profond d'un fourré.
Si voltò e seguì il nuovo odore nel profondo di un boschetto.
Là, il trouva Nig, étendu mort, transpercé par une flèche.
Lì trovò Nig, steso morto, trafitto da una freccia.
La flèche traversa son corps, laissant encore apparaître ses plumes.
La freccia gli attraversò il corpo, lasciando ancora visibili le piume.
Nig s'était traîné jusqu'ici, mais il était mort avant d'avoir pu obtenir de l'aide.
Nig si era trascinato fin lì, ma era morto prima di riuscire a raggiungere i soccorsi.
Une centaine de mètres plus loin, Buck trouva un autre chien de traîneau.
Cento metri più avanti, Buck trovò un altro cane da slitta.
C'était un chien que Thornton avait racheté à Dawson City.
Era un cane che Thornton aveva comprato a Dawson City.
Le chien était en proie à une lutte à mort, se débattant violemment sur le sentier.

Il cane lottava con tutte le sue forze, dimenandosi violentemente sul sentiero.
Buck le contourna sans s'arrêter, les yeux fixés devant lui.
Buck gli passò accanto senza fermarsi, con gli occhi fissi davanti a sé.
Du côté du camp venait un chant lointain et rythmé.
Dalla direzione dell'accampamento proveniva un canto lontano e ritmico.
Les voix s'élevaient et retombaient sur un ton étrange, inquiétant et chantant.
Le voci si alzavano e si abbassavano con un tono strano, inquietante, cantilenante.
Buck rampa jusqu'au bord de la clairière en silence.
Buck strisciò in silenzio fino al limite della radura.
Là, il vit Hans étendu face contre terre, percé de nombreuses flèches.
Lì vide Hans disteso a faccia in giù, trafitto da numerose frecce.
Son corps ressemblait à celui d'un porc-épic, hérissé de plumes.
Il suo corpo sembrava quello di un porcospino, irto di penne.
Au même moment, Buck regarda vers le pavillon en ruine.
Nello stesso momento, Buck guardò verso la capanna in rovina.
Cette vue lui fit dresser les cheveux sur la nuque et les épaules.
Quella vista gli fece rizzare i capelli sul collo e sulle spalle.
Une tempête de rage sauvage parcourut tout le corps de Buck.
Un'ondata di rabbia selvaggia travolse tutto il corpo di Buck.
Il grogna à haute voix, même s'il ne savait pas qu'il l'avait fait.
Ringhiò forte, anche se non ne era consapevole.
Le son était brut, rempli d'une fureur terrifiante et sauvage.
Il suono era crudo, pieno di una furia terrificante e selvaggia.
Pour la dernière fois de sa vie, Buck a perdu la raison au profit de l'émotion.

Per l'ultima volta nella sua vita, Buck perse la ragione a causa delle emozioni.

C'est l'amour pour John Thornton qui a brisé son contrôle minutieux.

Fu l'amore per John Thornton a spezzare il suo attento controllo.

Les Yeehats dansaient autour de la hutte en épicéa détruite.

Gli Yeehats ballavano attorno alla baita in legno di abete rosso distrutta.

Puis un rugissement retentit et une bête inconnue chargea vers eux.

Poi si udì un ruggito e una bestia sconosciuta si lanciò verso di loro.

C'était Buck ; une fureur en mouvement ; une tempête vivante de vengeance.

Era Buck: una furia in movimento, una tempesta vivente di vendetta.

Il se jeta au milieu d'eux, fou du besoin de tuer.

Si gettò in mezzo a loro, folle di voglia di uccidere.

Il sauta sur le premier homme, le chef Yeehat, et frappa juste.

Si lanciò contro il primo uomo, il capo Yeehat, e colpì nel segno.

Sa gorge fut déchirée et du sang jaillit à flots.

La sua gola era squarciata e il sangue schizzava a fiotti.

Buck ne s'arrêta pas, mais déchira la gorge de l'homme suivant d'un seul bond.

Buck non si fermò, ma con un balzo squarciò la gola dell'uomo successivo.

Il était inarrêtable : il déchirait, taillait, ne s'arrêtait jamais pour se reposer.

Era inarrestabile: squarciava, tagliava, non si fermava mai a riposare.

Il s'élança et bondit si vite que leurs flèches ne purent l'atteindre.

Si lanciò e balzò così velocemente che le loro frecce non riuscirono a toccarlo.

Les Yeehats étaient pris dans leur propre panique et confusion.
Gli Yeehats erano in preda al panico e alla confusione.
Leurs flèches manquèrent Buck et se frappèrent l'une l'autre à la place.
Le loro frecce non colpirono Buck e si colpirono tra loro.
Un jeune homme a lancé une lance sur Buck et a touché un autre homme.
Un giovane scagliò una lancia contro Buck e colpì un altro uomo.
La lance lui transperça la poitrine, la pointe lui transperçant le dos.
La lancia gli trapassò il petto e la punta gli trafisse la schiena.
La terreur s'empara des Yeehats et ils se mirent en retraite.
Il terrore travolse gli Yeehats, che si diedero alla ritirata.
Ils crièrent à l'Esprit Maléfique et s'enfuirent dans les ombres de la forêt.
Urlarono allo Spirito Maligno e fuggirono nelle ombre della foresta.
Vraiment, Buck était comme un démon alors qu'il poursuivait les Yeehats.
Buck era davvero come un demone mentre inseguiva gli Yeehats.
Il les poursuivit à travers la forêt, les faisant tomber comme des cerfs.
Li inseguì attraverso la foresta, abbattendoli come cervi.
Ce fut un jour de destin et de terreur pour les Yeehats effrayés.
Divenne un giorno di destino e terrore per gli spaventati Yeehats.
Ils se dispersèrent à travers le pays, fuyant au loin dans toutes les directions.
Si dispersero sul territorio, fuggendo in ogni direzione.
Une semaine entière s'est écoulée avant que les derniers survivants ne se retrouvent dans une vallée.
Passò un'intera settimana prima che gli ultimi sopravvissuti si incontrassero in una valle.

Ce n'est qu'alors qu'ils ont compté leurs pertes et parlé de ce qui s'était passé.
Solo allora contarono le perdite e raccontarono quanto accaduto.

Buck, après s'être lassé de la chasse, retourna au camp en ruine.
Buck, stanco dell'inseguimento, ritornò all'accampamento in rovina.

Il a trouvé Pete, toujours dans ses couvertures, tué lors de la première attaque.
Trovò Pete, ancora avvolto nelle coperte, ucciso nel primo attacco.

Les signes du dernier combat de Thornton étaient marqués dans la terre à proximité.
I segni dell'ultima lotta di Thornton erano visibili nella terra lì vicino.

Buck a suivi chaque trace, reniflant chaque marque jusqu'à un point final.
Buck seguì ogni traccia, annusando ogni segno fino al punto finale.

Au bord d'un bassin profond, il trouva le fidèle Skeet, allongé immobile.
Sul bordo di una profonda pozza trovò il fedele Skeet, immobile.

La tête et les pattes avant de Skeet étaient dans l'eau, immobiles dans la mort.
La testa e le zampe anteriori di Skeet erano nell'acqua, immobili nella morte.

La piscine était boueuse et contaminée par les eaux de ruissellement provenant des écluses.
La piscina era fangosa e contaminata dai liquidi di scarico delle chiuse.

Sa surface nuageuse cachait ce qui se trouvait en dessous, mais Buck connaissait la vérité.
La sua superficie torbida nascondeva ciò che si trovava sotto, ma Buck conosceva la verità.

Il a suivi l'odeur de Thornton dans la piscine, mais l'odeur ne menait nulle part ailleurs.
Seguì l'odore di Thornton nella piscina, ma non lo portò da nessun'altra parte.
Aucune odeur ne menait à l'extérieur, seulement le silence des eaux profondes.
Non c'era alcun odore che provenisse, solo il silenzio dell'acqua profonda.
Toute la journée, Buck resta près de la piscine, arpentant le camp avec chagrin.
Buck rimase tutto il giorno vicino alla piscina, camminando avanti e indietro per l'accampamento, addolorato.
Il errait sans cesse ou restait assis, immobile, perdu dans ses pensées.
Vagava irrequieto o sedeva immobile, immerso nei suoi pensieri.
Il connaissait la mort, la fin de la vie, la disparition de tout mouvement.
Conosceva la morte, la fine della vita, la scomparsa di ogni movimento.
Il comprit que John Thornton était parti et ne reviendrait jamais.
Capì che John Thornton se n'era andato e non sarebbe mai più tornato.
La perte a laissé en lui un vide qui palpitait comme la faim.
La perdita lasciò in lui un vuoto che pulsava come la fame.
Mais c'était une faim que la nourriture ne pouvait apaiser, peu importe la quantité qu'il mangeait.
Ma questa era una fame che il cibo non riusciva a placare, non importava quanto ne mangiasse.
Parfois, alors qu'il regardait les Yeehats morts, la douleur s'estompait.
A volte, mentre guardava i cadaveri di Yeehats, il dolore si attenuava.
Et puis une étrange fierté monta en lui, féroce et complète.
E poi dentro di lui nacque uno strano orgoglio, feroce e totale.

Il avait tué l'homme, le gibier le plus élevé et le plus dangereux de tous.
Aveva ucciso l'uomo, la preda più alta e pericolosa di tutte.
Il avait tué au mépris de l'ancienne loi du gourdin et des crocs.
Aveva ucciso in violazione dell'antica legge del bastone e della zanna.
Buck renifla leurs corps sans vie, curieux et pensif.
Buck annusò i loro corpi senza vita, curioso e pensieroso.
Ils étaient morts si facilement, bien plus facilement qu'un husky dans un combat.
Erano morti così facilmente, molto più facilmente di un husky in combattimento.
Sans leurs armes, ils n'avaient aucune véritable force ni menace.
Senza le armi non avrebbero avuto vera forza né avrebbero rappresentato una minaccia.
Buck n'aurait plus jamais peur d'eux, à moins qu'ils ne soient armés.
Buck non avrebbe più avuto paura di loro, a meno che non fossero stati armati.
Ce n'est que lorsqu'ils portaient des gourdins, des lances ou des flèches qu'il se méfiait.
Stava attento solo quando portavano clave, lance o frecce.

La nuit tomba et une pleine lune se leva au-dessus de la cime des arbres.
Calò la notte e la luna piena spuntò alta sopra le cime degli alberi.
La pâle lumière de la lune baignait la terre d'une douce lueur fantomatique, comme le jour.
La pallida luce della luna avvolgeva la terra in un tenue e spettrale chiarore, come se fosse giorno.
Alors que la nuit s'approfondissait, Buck pleurait toujours au bord de la piscine silencieuse.
Mentre la notte avanzava, Buck continuava a piangere presso la pozza silenziosa.

Puis il prit conscience d'un autre mouvement dans la forêt.
Poi si accorse di un diverso movimento nella foresta.

L'agitation ne venait pas des Yeehats, mais de quelque chose de plus ancien et de plus profond.
L'agitazione non proveniva dagli Yeehats, ma da qualcosa di più antico e profondo.

Il se leva, les oreilles dressées, le nez testant la brise avec précaution.
Si alzò in piedi, drizzò le orecchie e tastò con attenzione la brezza con il naso.

De loin, un cri faible et aigu perça le silence.
Da lontano giunse un debole e acuto grido che squarciò il silenzio.

Puis un chœur de cris similaires suivit de près le premier.
Poi un coro di grida simili seguì subito dopo il primo.

Le bruit se rapprochait, devenant plus fort à chaque instant qui passait.
Il suono si avvicinava sempre di più, diventando sempre più forte con il passare dei minuti.

Buck connaissait ce cri : il venait de cet autre monde dans sa mémoire.
Buck conosceva quel grido: proveniva da quell'altro mondo nella sua memoria.

Il se dirigea vers le centre de l'espace ouvert et écouta attentivement.
Si recò al centro dello spazio aperto e ascoltò attentamente.

L'appel retentit, multiple et plus puissant que jamais.
L'appello risuonò più forte che mai, più sentito e più potente che mai.

Et maintenant, plus que jamais, Buck était prêt à répondre à son appel.
E ora, più che mai, Buck era pronto a rispondere alla sua chiamata.

John Thornton était mort et il ne lui restait plus aucun lien avec l'homme.
John Thornton era morto e in lui non era rimasto alcun legame con l'uomo.

L'homme et toutes ses prétentions avaient disparu : il était enfin libre.
L'uomo e tutte le pretese umane erano svaniti: era finalmente libero.
La meute de loups chassait de la viande comme les Yeehats l'avaient fait autrefois.
Il branco di lupi era a caccia di carne, proprio come un tempo avevano fatto gli Yeehats.
Ils avaient suivi les orignaux depuis les terres boisées.
Avevano seguito le alci mentre scendevano dalle terre boscose.
Maintenant, sauvages et affamés de proies, ils traversèrent sa vallée.
Ora, selvaggi e affamati di prede, attraversarono la sua valle.
Ils arrivèrent dans la clairière éclairée par la lune, coulant comme de l'eau argentée.
Giunsero nella radura illuminata dalla luna, scorrendo come acqua argentata.
Buck se tenait immobile au centre, les attendant.
Buck rimase immobile al centro, in attesa.
Sa présence calme et imposante a stupéfié la meute et l'a plongée dans un bref silence.
La sua presenza calma e imponente lasciò il branco senza parole, tanto da farlo restare per un breve periodo in silenzio.
Alors le loup le plus audacieux sauta droit sur lui sans hésitation.
Allora il lupo più audace gli saltò addosso senza esitazione.
Buck frappa vite et brisa le cou du loup d'un seul coup.
Buck colpì rapidamente e spezzò il collo del lupo con un solo colpo.
Il resta immobile à nouveau tandis que le loup mourant se tordait derrière lui.
Rimase di nuovo immobile mentre il lupo morente si contorceva dietro di lui.
Trois autres loups ont attaqué rapidement, l'un après l'autre.
Altri tre lupi attaccarono rapidamente, uno dopo l'altro.

Chacun d'eux s'est retiré en sang, la gorge ou les épaules tranchées.
Ognuno di loro si ritrasse sanguinante, con la gola o le spalle tagliate.
Cela a suffi à déclencher une charge sauvage de toute la meute.
Ciò fu sufficiente a scatenare una carica selvaggia da parte dell'intero branco.
Ils se précipitèrent ensemble, trop impatients et trop nombreux pour bien frapper.
Si precipitarono tutti insieme, troppo impazienti e troppo ammassati per colpire bene.
La vitesse et l'habileté de Buck lui ont permis de rester en tête de l'attaque.
La velocità e l'abilità di Buck gli permisero di anticipare l'attacco.
Il tournait sur ses pattes arrière, claquant et frappant dans toutes les directions.
Girò sulle zampe posteriori, schioccando i denti e colpendo in tutte le direzioni.
Pour les loups, cela donnait l'impression que sa défense ne s'était jamais ouverte ou n'avait jamais faibli.
Ai lupi sembrò che la sua difesa non si fosse mai aperta o avesse vacillato.
Il s'est retourné et a frappé si vite qu'ils ne pouvaient pas passer derrière lui.
Si voltò e colpì così velocemente che non riuscirono a raggiungerlo alle spalle.
Néanmoins, leur nombre l'obligea à céder du terrain et à reculer.
Ciononostante, il loro numero lo costrinse a cedere terreno e a ritirarsi.
Il passa devant la piscine et descendit dans le lit rocheux du ruisseau.
Superò la piscina e scese nel letto roccioso del torrente.
Là, il se heurta à un talus abrupt de gravier et de terre.
Lì si imbatté in un ripido pendio di ghiaia e terra.

Il s'est retrouvé coincé dans un coin coupé lors des fouilles des mineurs.
Si è infilato in un angolo scavato durante i vecchi scavi dei minatori.
Désormais protégé sur trois côtés, Buck ne faisait face qu'au loup de devant.
Ora, protetto su tre lati, Buck si trovava di fronte solo al lupo frontale.
Là, il se tenait à distance, prêt pour la prochaine vague d'assaut.
Lì rimase in attesa, pronto per la successiva ondata di assalto.
Buck a tenu bon si farouchement que les loups ont reculé.
Buck mantenne la posizione con tanta ferocia che i lupi indietreggiarono.
Au bout d'une demi-heure, ils étaient épuisés et visiblement vaincus.
Dopo mezz'ora erano sfiniti e visibilmente sconfitti.
Leurs langues pendaient, leurs crocs blancs brillaient au clair de lune.
Le loro lingue pendevano fuori e le loro zanne bianche brillavano alla luce della luna.
Certains loups se sont couchés, la tête levée, les oreilles dressées vers Buck.
Alcuni lupi si sdraiano, con la testa alzata e le orecchie dritte verso Buck.
D'autres restaient immobiles, vigilants et observant chacun de ses mouvements.
Altri rimasero immobili, attenti e osservarono ogni suo movimento.
Quelques-uns se sont dirigés vers la piscine et ont bu de l'eau froide.
Qualcuno si avvicinò alla piscina e bevve l'acqua fredda.
Puis un loup gris, long et maigre, s'avança doucement.
Poi un lupo grigio, lungo e magro, si fece avanti furtivamente, con passo gentile.
Buck le reconnut : c'était le frère sauvage de tout à l'heure.
Buck lo riconobbe: era il fratello selvaggio di prima.

Le loup gris gémit doucement, et Buck répondit par un gémissement.
Il lupo grigio uggiolò dolcemente e Buck rispose con un guaito.
Ils se touchèrent le nez, tranquillement et sans menace ni peur.
Si toccarono il naso, silenziosamente, senza timore o minaccia.
Ensuite est arrivé un loup plus âgé, maigre et marqué par de nombreuses batailles.
Poi venne un lupo più anziano, scarno e segnato dalle numerose battaglie.
Buck commença à grogner, mais s'arrêta et renifla le nez du vieux loup.
Buck cominciò a ringhiare, ma si fermò e annusò il naso del vecchio lupo.
Le vieux s'assit, leva le nez et hurla à la lune.
Il vecchio si sedette, alzò il naso e ululò alla luna.
Le reste de la meute s'assit et se joignit au long hurlement.
Il resto del branco si sedette e si unì al lungo ululato.
Et maintenant, l'appel est venu à Buck, indubitable et fort.
E ora la chiamata giunse a Buck, inequivocabile e forte.
Il s'assit, leva la tête et hurla avec les autres.
Si sedette, alzò la testa e ululò insieme agli altri.
Lorsque les hurlements ont cessé, Buck est sorti de son abri rocheux.
Quando l'ululato cessò, Buck uscì dal suo riparo roccioso.
La meute se referma autour de lui, reniflant à la fois gentiment et avec prudence.
Il branco si strinse attorno a lui, annusando con gentilezza e cautela.
Les chefs ont alors poussé un cri et se sont précipités dans la forêt.
Allora i capi lanciarono un grido e si precipitarono nella foresta.
Les autres loups suivirent, hurlant en chœur, sauvages et rapides dans la nuit.

Gli altri lupi li seguirono, guaendo in coro, selvaggi e veloci nella notte.
Buck courait avec eux, à côté de son frère sauvage, hurlant en courant.
Buck corse con loro, accanto al suo selvaggio fratello, ululando mentre correva.

Ici, l'histoire de Buck fait bien de se terminer.
Qui la storia di Buck giunge al termine.
Dans les années qui suivirent, les Yeehats remarquèrent d'étranges loups.
Negli anni a seguire, gli Yeehats notarono degli strani lupi.
Certains avaient du brun sur la tête et le museau, du blanc sur la poitrine.
Alcuni avevano la testa e il muso marroni e il petto bianco.
Mais plus encore, ils craignaient une silhouette fantomatique parmi les loups.
Ma ancora di più temevano la presenza di una figura spettrale tra i lupi.
Ils parlaient à voix basse du Chien Fantôme, chef de la meute.
Parlavano a bassa voce del Cane Fantasma, il capo del branco.
Ce chien fantôme était plus rusé que le plus audacieux des chasseurs Yeehat.
Questo Ghost Dog era più astuto del più audace cacciatore di Yeehat.
Le chien fantôme a volé dans les camps en plein hiver et a déchiré leurs pièges.
Il cane fantasma rubava dagli accampamenti nel cuore dell'inverno e faceva a pezzi le loro trappole.
Le chien fantôme a tué leurs chiens et a échappé à leurs flèches sans laisser de trace.
Il cane fantasma uccise i loro cani e sfuggì alle loro frecce senza lasciare traccia.
Même leurs guerriers les plus courageux craignaient d'affronter cet esprit sauvage.

Perfino i guerrieri più coraggiosi avevano paura di affrontare questo spirito selvaggio.

Non, l'histoire devient encore plus sombre à mesure que les années passent dans la nature.

No, la storia diventa ancora più oscura con il passare degli anni trascorsi nella natura selvaggia.

Certains chasseurs disparaissent et ne reviennent jamais dans leurs camps éloignés.

Alcuni cacciatori scompaiono e non fanno più ritorno ai loro accampamenti lontani.

D'autres sont retrouvés la gorge arrachée, tués dans la neige.

Altri vengono trovati con la gola squarciata, uccisi nella neve.

Autour de leur corps se trouvent des traces plus grandes que celles que n'importe quel loup pourrait laisser.

Intorno ai loro corpi ci sono delle impronte più grandi di quelle che un lupo potrebbe mai lasciare.

Chaque automne, les Yeehats suivent la piste de l'élan.

Ogni autunno, gli Yeehats seguono le tracce dell'alce.

Mais ils évitent une vallée avec la peur profondément gravée dans leur cœur.

Ma evitano una valle perché la paura è scolpita nel profondo del loro cuore.

Ils disent que la vallée a été choisie par l'Esprit du Mal pour y vivre.

Si dice che la valle sia stata scelta dallo Spirito Maligno come sua dimora.

Et quand l'histoire est racontée, certaines femmes pleurent près du feu.

E quando la storia viene raccontata, alcune donne piangono accanto al fuoco.

Mais en été, un visiteur vient dans cette vallée tranquille et sacrée.

Ma d'estate, c'è un visitatore che giunge in quella valle sacra e silenziosa.

Les Yeehats ne le connaissent pas et ne peuvent pas le comprendre.

Gli Yeehats non lo conoscono e non potrebbero capirlo.

Le loup est un grand loup, revêtu de gloire, comme aucun autre de son espèce.
Il lupo è un animale grandioso, ricoperto di gloria, come nessun altro della sua specie.
Lui seul traverse le bois vert et entre dans la clairière de la forêt.
Lui solo attraversa il bosco verde ed entra nella radura della foresta.
Là, la poussière dorée des sacs en peau d'élan s'infiltre dans le sol.
Lì, la polvere dorata contenuta nei sacchi di pelle d'alce si infiltra nel terreno.
L'herbe et les vieilles feuilles ont caché le jaune du soleil.
L'erba e le foglie vecchie hanno nascosto il giallo del sole.
Ici, le loup se tient en silence, réfléchissant et se souvenant.
Qui il lupo resta in silenzio, pensando e ricordando.
Il hurle une fois, longuement et tristement, avant de se retourner pour partir.
Urla una volta sola, a lungo e lugubremente, prima di girarsi e andarsene.
Mais il n'est pas toujours seul au pays du froid et de la neige.
Ma non è sempre solo nella terra del freddo e della neve.
Quand les longues nuits d'hiver descendent sur les basses vallées.
Quando le lunghe notti invernali scendono sulle valli più basse.
Quand les loups suivent le gibier à travers le clair de lune et le gel.
Quando i lupi seguono la selvaggina attraverso il chiaro di luna e il gelo.
Puis il court en tête du peloton, sautant haut et sauvagement.
Poi corre in testa al gruppo, saltando in alto e in modo selvaggio.
Sa silhouette domine les autres, sa gorge est animée par le chant.
La sua figura svetta sulle altre, la sua gola risuona di canto.

C'est le chant du monde plus jeune, la voix de la meute.
È il canto del mondo più giovane, la voce del branco.
Il chante en courant, fort, libre et toujours sauvage.
Canta mentre corre: forte, libero e per sempre selvaggio.

www.ingramcontent.com/pod-product-compliance
Lightning Source LLC
Chambersburg PA
CBHW010030040426
42333CB00048B/2774